Namasté – Lebe lang und glücklich

Héctor García
Francesc Miralles

NAMASTÉ

LEBE LANG UND GLÜCKLICH

Die Geheimnisse indischer Spiritualität
für ein erfülltes Leben

Aus dem Spanischen von
Maria Hoffmann-Dartevelle

Lotos

Die Originalausgabe erschien 2022 unter dem Titel *NAMASTÉ*
by Ediciones Urano, S.A.U.

Die in diesem Buch vorgestellten Informationen und Empfehlungen sind nach bestem Wissen und Gewissen geprüft. Dennoch übernehmen die Autoren und der Verlag keinerlei Haftung für Schäden irgendwelcher Art, die sich direkt oder indirekt aus dem Gebrauch der hier beschriebenen Anwendungen ergeben. Bitte nehmen Sie im Zweifelsfall bzw. bei ernsthaften Beschwerden immer professionelle Diagnose und Therapie durch ärztliche oder naturheilkundliche Hilfe in Anspruch.

MIX
Papier | Fördert gute Waldnutzung
FSC® C014889

Penguin Random House Verlagsgruppe FSC® N001967

Erste Auflage 2023

Redaktion: Jürgen Teipel
Umschlaggestaltung: Guter Punkt, München, unter Verwendung
von Motiven von © olaf1741 / iStock / Getty Images Plus und © Annartlab /
iStock / Getty Images Plus
Satz: Satzwerk Huber, Germering
Druck und Bindung: Pustet, Regensburg
ISBN 978-3-7787-8314-6

www.Integral-Lotos-Ansata.de

Inhaltsverzeichnis

3. DAS GLÜCK PRAKTIZIEREN

GEOGRAFIE DES GLÜCKS

Dieses Buch schöpft aus einer Weisheit, die so alt ist wie die menschliche Zivilisation, und enthält die Schlüssel zur Gestaltung der Gegenwart und der Zukunft, die wir uns erträumen.

Als wir uns entschlossen, es zu schreiben, waren unsere zuvor erschienenen Bücher bereits in mehr als sechzig Sprachen übersetzt worden und standen in vielen Ländern der Welt an der Spitze der Bestsellerlisten. In jüngster Zeit hat das *Ikigai*-Phänomen auch in Indien einen Boom erlebt. Zwei Jahre hintereinander rangierte unser Buch dort auf Platz eins der Verkaufslisten. Das war für uns der Anlass, auf den indischen Subkontinent zu reisen, zur Wiege der Spiritualität, und dort Vorträge zu halten, an Festivals teilzunehmen und Interviews zu geben.

Die freundlichen Leser und Leserinnen, die wir dort antrafen, berichteten uns nicht nur, was unsere Arbeit für ihr Leben bedeutet, sondern fragten uns häufig, ob wir nicht auch ein Buch über indische Weisheiten und deren inspirierende Kraft schreiben wollten.

Jedes Mal, wenn wir über ein solches Projekt sprachen, erschien es uns als eine große, anspruchsvolle und spannende Herausforderung. Indien ist nicht nur ein Land mit einer jungen, fokussierten und zukunftsorientierten Bevölkerung sowie die größte Demokratie der Erde; hier liegen auch die Ursprünge der großen spirituellen Strömungen, welche die Menschheit geformt haben, und, mehr noch, der Glücksmöglichkeiten, die sich der Welt bieten, wenn sie zu diesen Quellen zurückkehrt.

Wer durch Indien reist, den überrascht die Vielzahl der Kulturen, die man in ein und demselben Land vorfindet: farbenfrohe *Mandir* (Hindutempel), Kirchen in Goa und Kerala, majestätische Moscheen wie die in Neu-Delhi oder das islamische Mausoleum Taj Mahal. In Indiens belebten Straßen begegnet man mystischen Jainisten, christlichen Mönchen, eleganten, Turban tragenden Sikhs sowie den *Sadhus*, die sich bei ihrer Pilgerschaft durch das Land auf den Tod vorbereiten. Man hat den Eindruck, dass hier in Sachen Spiritualität die ganze Welt anzutreffen ist.

Ein Blick in die Vergangenheit zeigt uns, dass im Norden Indiens Siddhartha Gautama, der spätere Buddha, seine ersten Erkenntnisse gewann. Ein Jahrtausend zuvor waren die Veden entstanden; die vier ältesten Texte der indischen Literatur, auf denen der Hinduismus beruht.

Viele der Praktiken, die derzeit in der westlichen Welt im Trend liegen, wie etwa Yoga oder Meditation – samt der heute besonders beliebten Achtsamkeit – oder Begriffe wie Karma sowie uralte Heilmethoden wie Ayurveda haben ihren Ursprung in Indien.

Gleichzeitig ist Indien die Zukunft der Welt; was daran zu erkennen ist, dass die aktuellen CEOs von Microsoft und Alphabet (Google), um nur zwei von Indern geleitete multinationale Konzerne zu nennen, aus dieser Kultur mit ihren vielen brillanten Mathematikern, Programmierern und Ingenieuren hervorgegangen sind. Worin besteht das Geheimnis ihres Erfolgs? Auf den nächsten Seiten werden wir auch das erfahren.

Sich von Indien, diesem Schmelztiegel unendlicher Reichtümer, nicht beeindrucken zu lassen, ist nahezu unmöglich. Unser Wunsch war es, ein schmales aktuelles und erhellendes Buch zu schreiben, das nach der Zeit der Pandemie Antworten auf heutige Herausforderungen gibt.

Bei der Arbeit an *Namasté* – ein Gruß, der auch an das Göttliche in einem selbst gerichtet ist – haben wir versucht, zeitgemäße Antworten auf die Fragen zu geben, die sich indische Mystiker in den letzten fünftausend Jahren gestellt haben und die auch heutige Führungskräfte beschäftigen:

- Wie kann man das Leiden überwinden und anfangen, ein erfülltes Leben zu führen?
- Welche Wege stehen uns zur Verfügung, um das schöpferische Potenzial, das in uns schlummert, wachzurufen?
- Können wir selbst dafür sorgen, dass das Gesetz des Karmas sich im Alltag zu unseren Gunsten auswirkt?
- Mit welchen Methoden befreien wir uns am besten von Stress, Sorgen und Angst?

- Wie behandeln wir unseren Körper, unseren Geist und unsere Seele so gut wie möglich, sodass wir unsere Energien bis zu unserem Lebensende nutzen können?

Um hilfreiche und praktische Antworten auf diese und viele andere Fragen geben zu können, werden wir die besten Lehrmeister der Menschheitsgeschichte in der Kunst des Glücks und der Selbstverwirklichung befragen.

Wir wollen auf ein Erbe von unschätzbarem Wert zurückgreifen, vermittelt von weisen Männern vergangener Jahrtausende bis hin zu modernen Vorbildern wie Ramana Maharshi oder Jiddu Krishnamurti, und so unsere Blockaden durchbrechen, unsere Fähigkeiten entfalten und uns selbst verwirklichen.

Der breite indische Weg zum Glück, der sich in unendlich viele einzelne Pfade aufspaltet, wird uns auf den kommenden Seiten auf eine Reise schicken, die nicht nur unser Leben, sondern auch die Zukunft der Menschheit verändern kann. Denn das Morgen ist, wie wir bei der Lektüre dieses Buches sehen werden, das Ergebnis unserer täglichen Rituale, Verhaltensweisen und Handlungen.

Unser Ziel ist es, alles zu tun für eine bestmögliche Zukunft. Für dich und für die Welt, die du erschaffst.

Namasté!

Francesc Miralles & Héctor García (Kirai)

1. DIE KULTUR DES GLÜCKS

Indien – spirituelles Reservoir der Menschheit

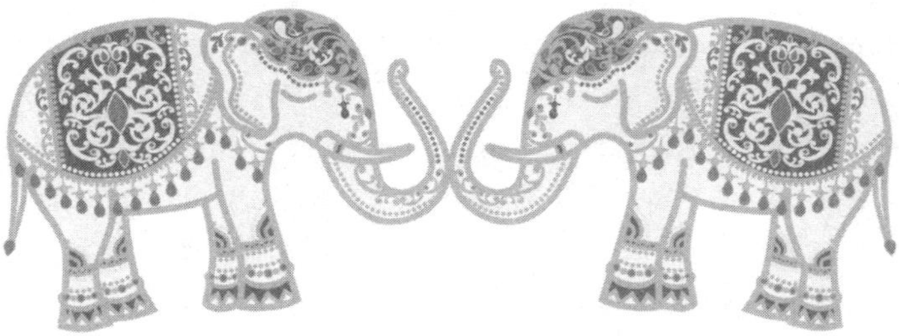

NAMASTÉ: MEINE SEELE GRÜSST DEINE SEELE

Namasté – bisweilen auch *Namaskar* oder *Namaskaram* – lautet der traditionelle hinduistische Gruß, dem dieses Buch seinen Namen verdankt. Auf dem indischen Subkontinent und auch in anderen Regionen Südostasiens sagt man Namasté zur Begrüßung und beim Abschied, aber auch wenn man sich bedankt oder die gemeinsam verbrachte Zeit würdigen möchte.

Nicht zufällig lautet eine der gängigsten Übersetzungen dieses Wortes »Meine Seele grüßt deine Seele«. Namasté setzt sich zusammen aus »namas« (was auf Sanskrit »verehren« oder »Ehre erweisen« bedeutet) und dem Personalpronomen in der zweiten Person Singular im Dativ »dir« oder »Ihnen«.

Das heißt, wenn man jemanden mit Namasté begrüßt, drückt man ihm oder ihr gegenüber Verehrung aus. Kann es ein schöneres und freundlicheres Begrüßungswort geben?

Die Bedeutung von Namasté wird verständlicher, wenn man sich den Begriff *Atman* anschaut. Mit ihm ist die Seele oder der Lebenshauch gemeint. Dem Hinduismus zufolge ist Atman das Selbst, das ureigene Wesen des Menschen und aller Lebewesen. Erweisen wir also einer Person mit dem Grußwort Namasté Ehre, bedeutet dies, dass wir damit auch die Gleichheit von uns allen anerkennen.

Meine Seele grüßt also deine Seele – oder in der Übersetzung der Soziologin Holly Oxhandler: »Das Göttliche in mir grüßt das Göttliche in dir.«

WIE BEGRÜSST MAN SICH MIT NAMASTÉ?

Bei der Begrüßung eines anderen Menschen kann man einfach nur Namasté sagen oder das Wort mit folgender Geste begleiten:

1. Die Handflächen aneinanderlegen.
   - Dabei die Hände auf Höhe der Brustmitte halten.
   - Die Finger müssen nach oben zeigen.
   - Die Daumen sollten beinahe die Brust berühren.
2. Das Wort Namasté aussprechen.
3. Sich mit dem Oberkörper verneigen.

नमस्त

Das Namasté-Zeichen im Sanskrit

Ein uralter Gruß

Es gibt historische Belege dafür, dass die Handhaltung beim Namasté-Gruß schon vor mehr als viertausend Jahren üblich war. So hat man Terracotta-Figuren mit vor der Brust gefalteten Händen gefunden, die sich auf die Zeit zwischen drei- und viertausend vor Christus datieren lassen. Diese Position der Hände ist als *Anjali Mudra* bekannt und wird in Japan *Gassho*, 合掌, genannt. Auch in anderen fernöstlichen Ländern ist sie als Begrüßungsgeste üblich.

Anjali Mudra

Sowohl der einfache Gruß, bei dem man nur Namasté sagt, als auch die Kombination des Grußes mit Anjali Mudra, den vor der Brust gefalteten Händen, wird heutzutage über Asien hinaus auch im Rest der Welt immer öfter verwendet. Zum Beispiel grüßt man sich so bei vielen Yoga-Arten am Beginn und am Ende der Stunde.

Namasté überwindet Schranken und Unterschiede zwischen Menschen und sogar Kulturen. Das Wort verbindet Menschen mittels Atman, der Seele, die allen gemeinsam ist.

Einstiegslektion

Wenn wir die Bedeutung des Begriffs Namasté mit dem in den Neunzigerjahren durch Daniel Goleman verbreiteten Konzept der emotionalen Intelligenz verknüpfen, stoßen wir auf eine wichtige Regel, die uns gut als Einstiegslektion beim Erlernen des täglichen Glücks dienen kann.

Genau wie man, um die Gefühle anderer Menschen erkennen zu können, zuerst seine eigenen erkennen muss, so kann man das Göttliche im anderen nur sehen, wenn man es zuvor in sich selbst gesehen hat. Folglich muss man bei sich selbst beginnen – eine Sichtweise, an die die indischen Gurus ihre Schüler stets gemahnt haben.

Zum besseren Verständnis dieser Einstiegslektion schlagen wir dir eine einfache Übung vor:

- Denk an einen besonders aggressiven oder schwierigen Menschen, den du kennst; jemanden, der immer Streit sucht oder mit anderen in Konflikt gerät. Ist diese Person im Frieden mit sich selbst, oder muss sie innere Probleme lösen? Vielleicht fällt es ihr leichter, den Kampf nach außen zu tragen, als sich mit eigenen, schmerzlicheren Themen auseinanderzusetzen.
- Nun übertrage diese Frage auf dein Leben. Wie ging es dir innerlich in Phasen, in denen du häufiger in offene

Auseinandersetzungen mit der Welt oder mit anderen geraten bist? Hast du in dieser Zeit Helligkeit in dir gespürt, oder fühltest du dich von bedrückender Dunkelheit umgeben? Hast du dich akzeptiert und dich so geliebt, wie du bist, oder warst du frustriert und fühltest dich minderwertig?

Laut Bertrand Russell ist Selbstfürsorge etwas Elementares auf jedem spirituellen Weg zur Eroberung des Glücks. Für ein erfülltes, erfolgreiches Leben müssen wir gute Beziehungen zu unseren Mitmenschen pflegen, müssen Verbindungen eingehen, die auf Freundschaft und Liebe basieren. Doch damit dies gelingt, müssen wir in erster Linie liebevoll mit uns selbst umgehen. Nur dann können wir auch mit anderen wirklich liebevoll umgehen. Diese Verbindung zu uns selbst und zu den anderen ist der schnellste Weg zum Glück.

Wenn du also einen anderen Menschen begrüßt und mit diesem Gruß das Göttliche anerkennst, das in ihm oder ihr wohnt, dann vergiss nicht, dass auch du selbst dieses Göttliche und dieses Licht in dir trägst.

Daher noch einmal: Namasté!

DIE PFORTEN DER WEISHEIT

Der indische Subkontinent ist die geografische Region, in der auch fast alle Zivilisationen des sogenannten »alten«, damals noch weit größeren Indien lebten.

Schätzungen zufolge wird das moderne Indien im Jahr 2025 das bevölkerungsreichste Land der Erde sein und ungefähr fünfundzwanzig Prozent der Weltbevölkerung stellen. Mehreren Untersuchungen zufolge wird dies im restlichen einundzwanzigsten Jahrhundert so bleiben.

Jahrhunderte lang war diese riesige Region als Hindustan bekannt; bis sie Mitte des neunzehnten Jahrhunderts unter die Herrschaft der britischen Krone gelangte. Die Ära Britisch-Indiens begann. Heute ist der Begriff Hindustan nicht mehr gebräuchlich.

Seit der Teilung Britisch-Indiens im Jahr 1947 ist das einstige Hindustan in mehrere Staaten zerfallen: Bhutan, Bangladesch, Indien, die Malediven, Nepal, Pakistan und Sri Lanka. Im vorliegenden Buch werden wir die Begriffe indische Zivilisation, Hindustan oder indischer Subkontinent gelegentlich synonym verwenden, um auf bestimmte

Aspekte der kollektiven Vergangenheit jener Bevölkerungsgruppen zu verweisen, die diese Gebiete bewohnen und deren Kultur und Ideen nicht nur weite Teile Asiens, sondern die ganze Welt beeinflusst haben.

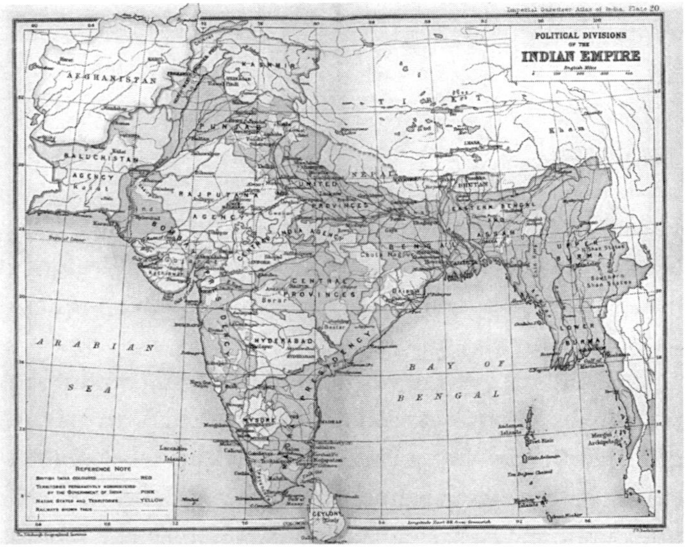

Karte des Kolonialreichs Britisch-Indien, abgedruckt in der Ausgabe des Imperial Gazetteer of India von 1909. Darauf entspricht die Gesamtheit der Regionen in etwa dem Gebiet, das heute als indischer Subkontinent bezeichnet wird und das historische Hindustan war.

Quelle: https://en.wikipedia.org/wiki/Partition_of_India

Was die wirtschaftliche Macht der Region angeht, sollte man sich klarmachen, dass die Völker Hindustans bereits vom ersten bis zum siebzehnten Jahrhundert nach Christus weltweit führend waren. Während jener siebzehn Jahrhunderte war die gesamte Region, gemessen an ihrem Bruttoinlandsprodukt, die größte Volkswirtschaft der Welt. Zeitweise vereinte sie mehr als fünfundzwanzig Prozent der Weltwirtschaftsleistung auf sich.

Indien florierte also, während andere Gegenden noch im Mittelalter schlummerten. Doch ab dem siebzehnten und bis weit ins zwanzigste Jahrhundert hinein erlebte das Land einen ökonomischen Niedergang. Glücklicherweise ist das Bruttoinlandsprodukt in den letzten Jahrzehnten jedoch wieder gestiegen und auch der durchschnittliche Lebensstandard der Bevölkerung hat sich verbessert. Die indische Volkswirtschaft ist heute die fünftgrößte der Welt und wird, wenn sie im gleichen Tempo weiterwächst wie bisher, in den kommenden Jahrzehnten zu den drei führenden Ökonomien der Welt gehören.

Warum sind Wohlstand, kultureller Reichtum und Geschichte Hindustans so oft in Vergessenheit geraten? Wir, die Autoren dieses Buches, sind jedenfalls davon überzeugt, dass Indien an die Weltspitze zurückkehren wird; und dieses Buch will einen kleinen Beitrag zur Ergründung der Geheimnisse seiner Kultur leisten.

Bereits im neunzehnten Jahrhundert schrieb der Schriftsteller Victor Hugo: »Nichts auf der Welt ist so mächtig wie eine Idee, deren Zeit gekommen ist ... Die ganze Welt soll es laut und deutlich vernehmen. Indien ist heute sehr rege.«

Das zeitgenössische Indien ist, wie wir im Kapitel »Lehrmeister unserer Zeit« noch genauer sehen werden, auf dem besten Weg, zu einer führenden technologischen und unternehmerischen Macht der Zukunft zu werden. Seine Filmindustrie, Bollywood, ist (was die Anzahl der Filme betrifft) produktiver als die US-amerikanische. Doch erst die nähere Betrachtung seiner Geistesgeschichte lässt uns begreifen, dass dieses Land schon immer ein Zentrum der Welt war. Indische Weise und Mystiker haben schon vor mehreren Jahrtausenden erstmals Fragen aufgeworfen, die später zu Forschungsgegenständen der modernen Psychologie wurden. Während in weiten Teilen des Planeten leben noch kaum mehr bedeutete als überleben, war auf dem indischen Subkontinent schon das reflektierende Bewusstsein erwacht.

327 vor Christus kam Alexander der Große auf dem Weg über die Region Punjab nach Indien. Die Beziehungen zwischen Indien und der westlichen Welt sind allerdings wesentlich älter, als die meisten Menschen vermuten. Deshalb wagen wir zu behaupten, dass diese Gegend ihr Licht schon seit Jahrtausenden in die ganze Welt aussendet.

STARB JESUS IN KASCHMIR?

Eine Theorie zur spirituellen Ost-West-Verbindung, die sich besonders rasch ausgebreitet hat, beruht auf der Annahme, Jesus von Nazareth sei gar nicht am Kreuz gestorben. Nachdem seine Wunden geheilt seien, sei er freigelassen worden und auf den Spuren der verlorenen Stämme Israels ostwärts gewandert. So sei er nach Indien gelangt und habe dort bis ins hohe Alter gelebt.

Diese These vertritt Andreas Faber-Kaiser in seinem Buch *Jesus lebte und starb in Kaschmir*. Anhänger dieser ungewöhnlichen Geschichtsauffassung können in Srinagar, einer Stadt im indischen Jammu und Kaschmir, das Grab eines Pilgers aufsuchen, der um das Jahr einhundert nach Christus beerdigt wurde und der nicht nur ein weißes Gewand, sondern zeitgenössischen Berichten zufolge auch Wunden an Händen und Füßen trug und von einer Frau namens Marjan begleitet wurde, die Maria Magdalena entsprechen könnte.

Fünf Meister und fünf Gedanken für die Welt von heute

Bevor wir im Zusammenhang mit der Kunst des Glücks näher auf konkrete Aspekte der indischen Spiritualität eingehen, wollen wir in diesem Kapitel eine kurze Übersicht über einige Lehrmeister und ihre Hauptgedanken oder überlieferten Aussprüche geben, die auch heute noch aktuell sind.

1. ***Alles, was lebt, hat eine Seele. (Parshvanata)***
   Dieser im Westen kaum bekannte Prophet gründete im achten Jahrhundert vor Christus den Jainismus, die erste indische Religion neben der vedischen Götterwelt. Heute zählt sie sechs Millionen Anhänger. Er stammte aus einem Königshaus und vertrat wie Buddha die Ansicht, es gebe keinen anderen Gott als das Leben selbst, das alles durchdringt. Viele Jainisten fegen daher den Boden und tragen Masken, um nicht auf ein Insekt zu treten oder eines zu verschlucken. Aus dem gleichen Grund filtern sie auch das Wasser. Das Prinzip

der *Ahimsa*, der absoluten Gewaltlosigkeit, die es Gandhi erlaubte, Indien zu befreien, wurde durch den Jainismus weit verbreitet.

2. ***Schmerz ist unvermeidlich, Leiden ist eine Option. (Buddha)***
   Dies ist vielleicht die bekannteste Offenbarung Siddhartha Gautamas, des Prinzen, der im sechsten und fünften Jahrhundert vor Christus auf Wanderschaft war und nach einer Lösung im Umgang mit dem menschlichen Leiden suchte. Die Thesen Viktor Frankls, des Gründers der Logotherapie, dem wir in unserem Buch *Ikigai* ein Kapitel gewidmet haben, stehen im Einklang mit der von Buddha vor etwa zweitausendfünfhundert Jahren formulierten Maxime: Was uns widerfährt, ob Freudiges oder Schmerzliches, ist die eine Sache; die andere Sache aber ist die Art, wie wir es interpretieren; unsere *Reaktion* darauf. Hierin wurzelt die Freiheit des Menschen.
3. ***Wenn du den Weg kennst, kennst du das Ziel. Denn nicht am Ende liegt das Ziel, sondern in jedem Moment und jedem Schritt. Dort ist das Ziel. Im bewussten Erleben des Jetzt. (Mahavira)***
   Dieser Gedanke, den der geistige Erbe von Parshvanata im fünften Jahrhundert vor Christus formulierte, klingt sehr überzeugend. Die Reden des Mahavira, der wie sein Meister in einem Palast geboren wurde und sich eines Tages auf eine rastlose Wanderung begab, könnten geradezu dem Bestseller *Jetzt! Die Kraft der Gegenwart* von Eckhart Tolle entnommen sein; nur dass Mahavira zweieinhalb Jahrtausende vor Tolle lebte. Er behauptete, der

spirituelle Weg eines jeden sei unsichtbar, nicht vorgezeichnet und könne daher von niemand anderem als ihm selbst zurückgelegt werden.

4. ***Wenn du dich von einem großen Vorhaben, einem außergewöhnlichen Projekt inspiriert fühlst, werfen all deine Gedanken ihre Fesseln ab: Dein Geist überschreitet seine Grenzen, dein Bewusstsein weitet sich nach allen Seiten, und du befindest dich in einer neuen, großen, wunderbaren Welt. Deine verborgenen Kräfte, Fähigkeiten und Talente erwachen zum Leben, und du entdeckst, dass du ein viel größerer Mensch bist, als du es dir je erträumt hast. (Patanjali)***
   Wir machen einen Sprung ins zweite oder dritte Jahrhundert nach Christus. In dieser Zeit nämlich soll der Autor des *Yogasutra* gelebt haben; ein in Sanskrit verfasster Text, der die philosophische Grundlage des Yoga bildet. Patanjali bezieht sich darin auf seine erleuchtete Vergangenheit und spricht im Wesentlichen vom Ikigai, beschreibt sogar präzise das, was durch das gleichnamige Buch von Mihály Csíkszentmihályi als Flow bekannt wurde. Csíkszentmihályi starb im Übrigen, als wir gerade dabei waren, *Namasté* zu beenden.
5. ***Der legendäre Moschushirsch läuft durch die ganze Welt auf der Suche nach dem Ursprung des Geruchs, der von ihm selbst ausgeht. (Ramakrishna)***
   Zum Schluss wollen wir noch eine aus wesentlich jüngerer Zeit stammende Ikone erwähnen. Sri Ramakrishna, wie er meistens geschrieben wird, wurde 1836 geboren und starb im Alter von fünfzig Jahren. Vermutlich ist er der Pionier unter den modernen Lehrmeistern. In-

folge eines Presseartikels über ihn wurde er rund um Kalkutta berühmt, wo er auch den jungen Schriftsteller Rabindranath Tagore kennenlernte. Ramakrishna war der Ansicht, dass alle Glaubensrichtungen und Religionen zu Gott führen, wenn man nur bereit ist, die letzte Wahrheit zu erkennen.

Jeder dieser Meister ist ein Tor zur Zukunft, denn sie alle haben sich schon früh mit Fragen des Bewusstseins befasst, die heute die Grundlage der Persönlichkeitsentwicklung bilden. Wobei wir, neben den moderneren Vorbildern, auf die wir später zu sprechen kommen werden, noch viele weitere zitieren könnten.

Die Blinden und der Elefant

Diese Geschichte ist eine der ältesten philosophischen Parabeln der indischen Kultur. Unter den vielen Versionen, die davon entstanden sind, gehören die von Ramakrishna und die des Dichters John Godfrey Saxe zu den bekanntesten. Hier unsere eigene Version:

> Eines Tages tauchte in einem kleinen Dorf ein Elefant auf, und vier Blinde wollten das fremde Wesen gemeinsam untersuchen. Der Erste berührte seinen Rüssel, zuckte zusammen und rief: »Es ist eine riesige Schlange!« Die drei anderen schreckte das jedoch nicht ab, und sie wagten es, das Tier an anderen Stellen zu berühren. »Es ist gar kein Tier, es muss ein Baumstamm sein«, sagte

der zweite Blinde, nachdem er seine Hand auf eines der Beine des Elefanten gelegt hatte. Der dritte Blinde hielt die Arme in die Höhe und betastete eines der Ohren. »Ihr irrt euch alle«, sagte er, »es ist ein Fächer.« Schließlich strich der vierte Blinde über die glatte Oberfläche eines der Stoßzähne und rief: »Was ich berühre, ist hart und glatt wie eine Lanze.«

Ein sehender Dorfbewohner machte dem Disput ein Ende. »Ihr habt alle ein bisschen recht«, erklärte er. »Aber jeder von euch hat nur einen Teil der Wahrheit beschrieben und nicht erkannt, was alle Teile zusammen sind: Dies ist keine Schlange und kein Baum, kein Fächer und keine Lanze, sondern ein Elefant, ein Tier, das einen Rüssel, Stoßzähne und riesige Ohren und Beine hat. Wir alle sind gewissermaßen blind. Daraus sollten wir eine Lehre für unser Leben ziehen: Wenn wir die Wahrheit ergründen wollen, sollten wir unvoreingenommen miteinander reden, anstatt einfach nur die eigene Meinung kundzutun.«

In dieser Geschichte kann keiner der Blinden den Elefanten sehen, und doch wagen es alle, ihre Ansicht zu äußern, in der Überzeugung, ihr Standpunkt sei der richtige. Die Botschaft der Parabel lautet: Mögen wir auch von einer Sache noch so überzeugt sein: Andere Menschen, die eine völlig andere Meinung haben als wir, sind ebenfalls davon überzeugt, dass sie recht haben.

Niemand ist im Besitz der Wahrheit.

Wissenschaft, Wahrheit und Leben

In der Welt der Wissenschaft bedient man sich ähnlicher Methoden wie der in der Parabel beschriebenen, um mutmaßliche Wahrheiten zu erforschen. So warnte zum Beispiel Werner Heisenberg, der 1932 den Nobelpreis für Physik erhielt und als einer der Pioniere der Quantenmechanik gilt: »Wir müssen uns daran erinnern, dass das, was wir beobachten, nicht die Natur selbst ist, sondern Natur, die unserer Art der Fragestellung ausgesetzt ist.«

Wenn die Wissenschaft an Grenzen stößt, werden in der Regel eine Zeit lang verschiedene Hypothesen von unterschiedlichen Forschergruppen vertreten, von denen aber keine die ihre als richtig beweisen kann. Häufig leisten erst diejenigen Wissenschaftler große Forschungsbeiträge und gehen damit in die Wissenschaftsgeschichte ein, denen es gelingt, mehrere Hypothesen zu einer Theorie zusammenzufassen und die zwischen ihnen bestehenden Widersprüche zu beseitigen.

Jenseits der Wissenschaft können wir das Gleichnis vom Elefanten auch auf unser eigenes Leben übertragen und sollten dabei die folgenden drei Punkte beachten:

1. *Der Weg zur Wahrheit:*
   - Bei der Suche nach der Wahrheit dürfen wir nicht nur einer einzigen Meinung vertrauen. Nicht einmal unserer eigenen. Wir müssen das Spektrum erweitern und vermeintlich widersprüchliche Perspektiven miteinander verbinden.

- Wenn wir den Meinungen anderer gegenüber aufgeschlossen bleiben und uns ihr Wissen zunutze machen, können wir unsere Version der Wahrheit erweitern.

2. *Kommunikation und Zusammenarbeit:*
   - Wir sollten nicht davon ausgehen, dass andere Menschen mit einer anderen Meinung im Unrecht sind, sondern vielmehr bedenken, dass sie aus ihrer Sicht das Gefühl haben, wir seien es, die sich irren.
   - Wie Miguel Ruiz, der Autor von *Die vier Versprechen*, sagen würde, sollten wir anderen keine schlechten Absichten unterstellen.
   - Gespräche mit anderen Menschen können uns zu einer globaleren und vollständigeren Sichtweise verhelfen.
3. *Die Teile und das Ganze:*
   - Etwas zu kennen, bedeutet nicht, es vollkommen zu verstehen. Oft haben wir, genau wie die Blinden in der Parabel, nur einen Teil der Wahrheit vor uns.
   - Je mehr Aspekte und Betrachtungsweisen eines Problems wir kennen, desto eher können wir es lösen.

Zum Schluss noch ein Zitat von Aristoteles, das gut zu der kleinen Fabel passt: »Das Ganze ist mehr als die Summe seiner Teile.«

Torii und Torana

Engstirnige Menschen neigen dazu, ihren Blick nur auf die Unterschiede zwischen den Kulturen zu richten, und geben bisweilen abgedroschene Phrasen wie diese von sich: »So wie in X leben die Menschen nirgends sonst auf der Welt.« Wir dagegen fanden es immer interessanter, auf das zu schauen, was uns verbindet. Letztlich sind wir alle Menschen, die sich den Platz auf diesem großen, um einen Stern kreisenden Felsen teilen.

Eine der besten Arten, den eigenen geistigen Horizont zu erweitern und sich nicht nur auf einen Teil des Elefanten zu konzentrieren, ist das Reisen. So ist etwa das Buch, das du gerade liest, genau wie unsere anderen gemeinsam verfassten Bücher, aus unseren Asienreisen hervorgegangen.

Reisen hilft, bescheiden zu bleiben. Auf Reisen erkennt man mitunter, dass das Eigene – die Sitten, Traditionen und Gepflogenheiten des Ortes, an dem man lebt – nicht unbedingt das Beste auf der Welt und auch nicht etwas Einmaliges ist.

Um ein Beispiel zu nennen: In Japan gibt es bestimmte Tore, die man an Schreinanlagen vorfindet. Sie heißen *Torii* (鳥居) – wobei 鳥 »Vögel« bedeutet und 居 »wohnen« oder »leben«. Diese schlanken Konstruktionen dienen als Eingangstore zu einem sakralen Bereich. Historikern zufolge wurde das älteste Torii der Welt 992 vor Christus bei einem Schrein in Osaka errichtet. Héctor, der achtzehn Jahre in Japan gelebt hat, dachte immer, die Torii seien etwas Einzigartiges und Charakteristisches für die japanische Kultur. Als wir Ende 2019 nach Indien reisten, entdeckten wir jedoch, dass es dort schon lange vor dem ersten japanischen Torii ähnliche Tore gab, die *Torana* heißen. Ist das nicht faszinierend?

Nicht nur beginnen beide Namen mit »Tor«, sondern die Form der japanischen Torii und die der indischen Torana sind von ähnlicher Schlichtheit. Die meisten bestehen aus zwei in den Boden gepflanzten Stützpfeilern und einem oder mehreren Querbalken zur Verbindung der beiden Pfosten. So ergibt sich die Form des Tores; wobei Torii die »Stelle« bezeichnet, »an der die Vögel sich setzen«. (Im Schintoismus glaubt man, Vögel seien Götterboten.) Torana (तोरण), ein Wort aus dem Sanskrit, bedeutet hingegen ganz einfach Bogen.

Torii

Torana

Sinn und Zweck sowohl der Torii als auch der Torana ist es, den Eingang zu einem heiligen Ort zu markieren. Beide Konstruktionen weisen auf die Bedeutung des Übergangs vom Weltlichen zum Sakralen und umgekehrt hin.

Wurde die Bauweise der japanischen Torii also womöglich durch die indischen Torana inspiriert? Schwer zu sagen. In der Geschichtswissenschaft ist die Antwort umstritten, doch deutet vieles auf einen indischen Einfluss hin.

Die Entdeckung der Ähnlichkeit von Torii und Torana war es jedenfalls, die uns bewusst gemacht hat, dass der

Einfluss der indischen Kultur größer sein könnte, als wir dachten.

Die Alchemie des Reisens

Reisen erweitert also den Blick. Beim Reisen stellen wir fest, dass das, wovon wir annahmen, es sei »von uns«, in Wirklichkeit gar nicht von uns ist. Fast alles ist ein Ergebnis der Evolution und der Vermischung von Kulturen und Völkern aus aller Welt. Ein Fisch, der in einem See lebt und nie an die Wasseroberfläche gekommen ist, weiß nicht wirklich, wo er sich befindet. Und so können wir auch unsere eigene Kultur nur schwer verstehen, wenn wir uns immer nur in ihr aufhalten.

Der Sinn des Reisens liegt nicht darin, am Ziel anzukommen und Fotos zu machen. Die wahre Reise ist eine Erfahrung, die uns verändert. Wenn wir nach der Erkundung neuer Gegenden nach Hause zurückkehren, sind wir andere Menschen. Wir haben eine neue Software in unserem Geist installiert, die uns hilft, uns in andere einzufühlen und mit einer umfassenderen und menschlicheren Einstellung zu leben.

Echte Spiritualität hat genau dasselbe Ziel: unsere geistige Bandbreite zu vergrößern. Letztendlich ist das ganze Leben eine Reise, auf der es wenig Sinn hat, feste Pläne zu schmieden, um an einem ganz bestimmten Ort anzukommen. Viel besser ist es, wenn wir eine Reise mit dem Wunsch antreten, unterwegs zu entdecken, wer wir sind.

DIE ZEHN GEBOTE DES SPIRITUELLEN REISENS

1. Reise nicht nur, um ein Fähnchen auf die Landkarte stecken und sagen zu können: »Hier war ich.«
2. Lass deine Vorurteile und festen Vorstellungen zu Hause. Wenn du unterwegs bist, urteile nicht, sondern lerne.
3. Richte dich nicht danach, was man am jeweiligen Ort »gesehen haben muss«. Lass zu, dass deine Füße dich an Orte tragen, die nicht auf der Landkarte eingezeichnet sind.
4. Schaue, höre, rieche, schmecke, berühre ... spüre!
5. Die Seele einer Gegend steckt in ihren Menschen, nicht in ihren Monumenten.
6. Suche daher die Nähe der *Menschen*. Versuche die Dinge aus ihrer Perspektive zu erleben.
7. Sich zu verlaufen, kann einem die schönsten Entdeckungen bescheren.
8. Reise mit Worten: Besorge dir Bücher über die Orte, die du aufsuchen möchtest. Der Genuss des Reisens beginnt schon mit den Vorbereitungen.
9. Nimm immer ein Heft und einen Stift mit. Vielleicht inspiriert dich dein nächstes Abenteuer dazu, ein Buch zu schreiben.
10. Lerne einige Basiswörter und -wendungen der Sprache deines Reiseziels. Selbst wenn du nur zehn Wörter beherrschst, ist dies ein Zeichen des Respekts gegenüber den Einheimischen und wird dir helfen, Kontakt mit ihnen aufzunehmen.

Aus letzterem Grund heraus geben wir dir hier (neben der Begrüßung Namasté) einige hinduistische Ausdrücke an die Hand:

dhanyavad: danke
phir milenge: bis dann, bis später
haan: ja
nahi: nein
bahut Accha: toll!
theek hai: okay, in Ordnung

Dem Propheten Mohammed wird folgender Satz zugeschrieben: »Sag mir nicht, wie gebildet du bist, sag mir, wie viel du gereist bist.« Und was die Kunst des Reisens betrifft, ist Indien bestimmt die beste Universität. Eine schier endlose Zahl westlicher Intellektueller hat diesen Teil der Welt auf der Suche nach *Orientierung* – das Wort sagt alles – und Veränderung aufgesucht. Von Martin Luther King stammt der Satz: »In andere Länder mag ich als Tourist reisen, doch nach Indien komme ich als Pilger.«

Setzen wir also unsere Pilgerreise fort!

DER WEG DES SADHU

Beim Thema Reisende und Pilger müssen wir unbedingt für die Dauer eines Kapitels die Sadhus begleiten. Sie gelten im Hinduismus als die heiligsten Menschen auf dieser Erde. In den Augen westlicher Menschen ist ihr Lebensstil, der auf Verzicht als Weg zu geistiger Erleuchtung basiert, außergewöhnlich und verblüffend.

Sie haben ein klares Ziel: durch die Reinigung ihres Karmas zur Erlösung oder Befreiung *(Moksha)* zu gelangen, um auf diese Weise aus dem Samsara, dem Kreislauf des Lebens beziehungsweise der aufeinanderfolgenden Wiedergeburten, auszubrechen.

Um zu weisen Menschen zu werden – denn Sadhu bedeutet »guter, rechtschaffener, ehrlicher, enthaltsamer Mensch« –, müssen die Betreffenden sich vollständig von weltlichen Versuchungen und Begierden befreien. Dies bedeutet eine Loslösung von allem Besitz und allen affektiven Bindungen.

Obwohl das Leben der Sadhus, von außen betrachtet, also von Entbehrungen gekennzeichnet ist, besitzt es großen inneren Reichtum, denn ihre bis zum Tod andauernde Pilgerreise führt sie zu tiefer Selbsterkenntnis. Der indische Philosoph und Lehrmeister Vivekananda hat gesagt: »Du kannst nicht an Gott glauben, solange du nicht an dich selbst glaubst.«

DIE REISE ZUM IKIGAI

Wir, die Autoren dieses Buches, haben unsere Leidenschaft für das Schreiben dank unserer erstaunlichen Erlebnisse im fernen Osten entdeckt. Héctor begann in Japan mit seinem Blog *Un geek en Japón*, um die vielen Eindrücke festzuhalten, die er in diesem Land gewonnen hatte. Daraus wurde sein erstes Buch. Francesc unternahm, nachdem er seine Tätigkeit als Verleger aufgegeben hatte, eine Reise durch Indien, die ihn zu seinem ersten Roman inspirierte, den er während seines Trips von A bis Z in einem Heft niederschrieb.

Die vier Lebensphasen

In Indien wie in Nepal erkennt man die Sadhus – mitunter auch weibliche, wie wir noch sehen werden – sofort. Sie sitzen in der Nähe von Tempeln, unter einem Baum oder in einer Höhle, in safrangelbe oder weiße Gewänder gehüllt. Manche sind fast oder sogar ganz nackt und haben nur eine Schale bei sich, um daraus Wasser zu trinken oder um Almosen zu empfangen, sowie ein kleines Bündel mit heiligen Schriften und ein paar Dingen, die sie als Mitglieder einer bestimmten Sadhu-Sekte zu erkennen geben. Viele bemalen sich das Gesicht oder beschmieren es mit Asche, tragen Rastalocken, sogenannte *Jatas*, und einen buschigen weißen Bart.

Obwohl Sadhus wie Landstreicher aussehen, werden sie in Indien geachtet und verehrt, zum einen wegen ihrer Gebete und Segnungen, aber auch weil man ihnen besondere Kräfte zuschreibt, vom gefürchteten bösen Blick bis hin zur Levitation.

Sie werden durch Lebensmittel- und Geldgaben unterstützt und spenden ihrerseits Trost und spirituellen Rat, den sie aus ihren Meditationen schöpfen. Oder sie revanchieren sich mit Handlesen und Wahrsagerei, Amuletten, Elixieren, Heilkräutern oder Gesängen.

Die meisten Sadhus pilgern unablässig von einer der sieben heiligen Stätten *(Sapta Puri)* zur nächsten – die berühmteste ist Varanasi (auch Benares genannt) –, um ihre Energie zu bewahren. Manche aber sind sesshaft und leben in den Klöstern *(Mathas)* ihrer religiösen Orden.

Viele dieser Pilger, die nie wieder in ihr altes Leben zurückkehren, waren zuvor wohlhabende Männer. Wieso haben sie beschlossen, Sadhus zu werden, heilige Menschen, die allem entsagen?

Man schätzt, dass heute vier bis fünf Millionen Inder den Weg der Göttlichkeit gewählt haben und zehn Prozent von ihnen heilige Frauen sind, sogenannte *Sadhvis* (oder *Arykas*). Die meisten Sadhus und Sadhvis huldigen dem Gott Shiva, der in Tibet auf dem heiligen Berg Kailash wohnt. Sie werden *Shaiva* genannt und tragen ein »U« mit einem Punkt in der Mitte auf der Stirn. Andere verehren Vishnu, werden *Vaishnava* genannt und tragen drei senkrechte Striche auf der Stirn. Einige Sadhus verehren auch die Gottheit Shakti.

Der hinduistischen Lehre zufolge besteht das Leben aus vier Phasen, in denen die von den Göttern gespendete Weisheit erlangt werden kann:

1. Vorbereitung und Lernen in Kindheit und Adoleszenz
2. Gründung und Unterhalt einer Familie im Erwachsenenalter
3. *Vanaprastha* oder Pilgerreise, nachdem man die familiären Verpflichtungen erfüllt hat
4. *Sannyasa* oder Suche nach dem wahren Sinn, indem man allem Materiellen und Weltlichen entsagt, um zum Geistigen aufzusteigen

Was die Sadhvis betrifft, so können sie, wenn sie Witwen geworden sind, in die vierte Phase eintreten. Früher waren Witwen in der indischen Gesellschaft praktisch unsichtbar und wurden verachtet. Heute können sie den Weg der heiligen Entsagung beschreiten. Und nicht nur Angehörige der Kaste der Brahmanen können Sadhus werden. Sadhus stammen aus allen Gesellschaftsschichten und haben die unterschiedlichsten Bildungsniveaus. Alle verzichten vollständig auf Anhaftungen jeder Art und führen, indem sie die Lehre des Swami Sivananda befolgen, ein wunschloses Leben, um glücklich zu sein.

DEN HIMMEL BERÜHREN

Einer der berühmtesten Sadhus der Neuzeit ist Amar Bharati, der Anfang der Siebzigerjahre des vergangenen Jahrhunderts seine Frau, seine drei Kinder und ein Leben in großem Wohlstand zu Ehren Shivas aufgab. Er beschritt den Weg der Enthaltsamkeit und nahm nur einen Gegenstand mit: einen Dreizack aus Metall, den *Trishula*, ein Kennzeichen von Shiva, das unter anderem die Zerstörung der menschlichen Unwissenheit symbolisiert.

Doch auch nach langen Bettlerjahren war Amar nicht wirklich davon überzeugt, dass er die von ihm verehrte Gottheit zufriedenstellte. Deshalb beschloss er, ununterbrochen einen Arm in den Himmel zu strecken, um auf diese Weise Frieden zu erlangen. Fast fünfzig Jahre lang hielt er seinen Arm in die Höhe, als wollte er den Himmel berühren, ertrug die Schmerzen der Knochenverkalkung und des Muskelschwunds. Der Arm wurde vollkommen gefühllos und unbrauchbar, aber Bharati hielt ihn weiterhin hoch erhoben und wurde so zu einer lebenden Legende.

Weder Genuss noch Schmerz machen uns zu Sklaven

Zwar zeigen nicht alle Sadhus ein so extremes Verhalten wie Amar Bharati, aber einige von ihnen versuchen, das Joch des Leidens mittels äußerst harter Bußübungen zu überwinden. Sie graben sich zum Beispiel in die Erde ein, durchbohren ihre Zunge mit Stacheln, schlafen im Stand, auf einem Bein, laufen über glühende Kohlen oder legen lange Strecken rollend zurück …

Das Ertragen von Schmerzen, verbunden mit Meditation, Fasten und gelegentlich auch mit einem Schweigegelübde, ist allen Sadhu-Orden gemeinsam. Was die Askese betrifft, so pflegt jede Sekte ihre eigenen Praktiken. Hier die drei repräsentativsten:

1. Die *Naga Sadhus*, ursprünglich Krieger, die im zwölften Jahrhundert die muslimischen Eindringlinge abwehrten, tragen nichts am Körper außer der Asche von in Krematorien verbrannten Leichen. Sie leben in größerer Abgeschiedenheit als alle anderen Sadhus, meist an entlegenen Orten im Himalaya, was bedeutet, dass sie riesige Entfernungen zurücklegen müssen, um an den großen Pilgertreffen teilnehmen zu können.
2. Die *Aghori* praktizieren die extremsten und radikalsten Rituale. Sie leben in der Nähe von Krematorien, wo sie an Bestattungszeremonien teilnehmen. Um zu demonstrieren, dass der Tod zum Leben gehört, essen manche von ihnen unverbrannte Reste von Menschenfleisch und trinken aus Totenschädeln. Einige gehen sogar so weit, ihre eigenen Exkremente zu verzehren. Obwohl der orthodoxe Hinduismus derartige Praktiken ablehnt, werden diese Sadhus in ländlichen Regionen verehrt.
3. Die *Dandi*, die so heißen, weil sie stets einen Bambusstab, den *Danda*, bei sich tragen, studieren die heiligen Schriften und widmen sich der Meditation.

Die Beitrittsprozedur unterscheidet sich zwar von Orden zu Orden, aber was jeder Sadhu braucht, ist ein Guru, der ihn begleitet und ihm den Wert der Entsagung näherbringt.

LEHRMEISTER, MENTOREN, GURUS

Wir alle brauchen irgendwann im Leben jemanden, der uns anleitet. In Japan übernimmt diese Rolle der *Sensei*, was so viel bedeutet wie »vorheriges Leben«, in Indien ein Guru oder geistiger Führer.

Genau wie die Sadhus, die von einem Lehrer initiiert werden, hatten viele große Persönlichkeiten einen Mentor, der ihnen die richtigen Schritte gezeigt und ihr Vertrauen und ihre Inspiration gestärkt hat. Mutter Theresa aus Kalkutta entwickelte eine enge Beziehung zu Pater Michael van der Peet, der die Ordensschwester dazu motivierte, ihr Leben den Bedürftigen zu widmen. Der Facebook-Gründer Mark Zuckerberg wandte sich an Steve Jobs, den berühmten Technologieguru und »Vater« von Apple. Als Mentorin der US-amerikanischen Talkshow-Moderatorin Oprah Winfrey fungierte die Schriftstellerin Maya Angelou. Und der aufstrebende Musikproduzent Quincy Jones wurde von keinem Geringeren beraten als von der Rhythm-and-Blues-Legende Ray Charles.

Bei all diesen Persönlichkeiten war die Tatsache, dass sie einen hochkarätigen Lehrmeister hatten, ausschlaggebend dafür, dass sie ihr Bestes gaben und sehr weit kamen. Hast du schon einen Mentor oder eine Mentorin, der/die dich zu deinem Ziel führen kann?

Leben ist pilgern

Den Historikern zufolge waren es die Sadhus, die den Hinduismus verbreitet haben. Dank ihres unermüdlichen Pilgerns, das sich wie ein roter Faden durch ihr Leben zieht, hat ihr Glaube in Südostasien Wurzeln geschlagen.

An den erwähnten Sapta Puri, den sakralen Pilgerstätten Indiens, begegnet man vielen von ihnen: in Rishikesh, wo sie die Geistes- und Körperbeherrschung des Yoga kultivieren, in Haridwar, Allahabad, Nashik, Ujjain und vor allem in Varanasi, wo der Ganges all jene aufnimmt, die sich vom Leiden befreien wollen.

Die genannten Städte liegen auf dem Weg der Sadhus, weil sie an den heiligen Flüssen Ganges, Yamuna, Godavari und Shipra (oder Kshipra) liegen. Beim weltweit größten Pilgertreffen, dem *Kumb Mela* oder *Kumbha Mela*, einem Festival, zu dem Millionen von Menschen strömen, besingen die Sadhus die Mutter Ganges und veranstalten wochenlang Prozessionen, praktizieren ihre Rituale und zeigen sich in ihrer unverwechselbaren Erscheinung.

Überraschenderweise reicht der Einfluss der Sadhus weit über den asiatischen Kontinent hinaus. Zwischen 1845 und 1947 wanderten über fünfunddreißigtausend Sadhus nach Jamaika aus, wo sie die Ersten waren, die Ganja (Marihuana) anbauten – ein Wort, das auf den Fluss Ganges zurückgeht. Mit Ganja werden die Göttin Kali und der

Gott Shiva geehrt. Und so beeinflusste der Brauch des Marihuana-Rauchens und das Tragen von Dreadlocks als Zeichen für einen Bund mit den Göttern die Rastafari-Kultur. Rasta bedeutet auf Hindu »Weg zum Göttlichen«. An dieser Stelle sei auch erwähnt, dass es indirekt der Reggae-Star Bob Marley war, der die Symbole der Sadhus in aller Welt bekannt machte.

DER LANGHAARIGE

Der Langhaarige trägt das Feuer, der Langhaarige den Gifttrank, der Langhaarige beide Welten in sich. Der Langhaarige lässt die ganze Welt die Sonne schauen, der Langhaarige heißt dieses Licht ... Nur unsere Leiber sehet ihr Sterblichen vor euch ... Vayu hatte ihm den Trank angerührt, Kunamnama quetschte ihn aus, als der Langhaarige zusammen mit Rudra aus der Schale vom Gifte trank.

Keschin-Hymne. Rigveda 10.136

Der Berg des Lebens

Wenn Menschen in Spanien den Jakobsweg oder in Japan den Kumano Kodo gehen, treten sie nur in seltenen Fällen gleichzeitig auch eine lebenslange Pilgerschaft an.

Wie können wir das Beispiel der Sadhus also auf die Kunst des Glücks übertragen, um die es in diesem Buch geht? Grundsätzlich können wir von ihnen lernen, auf alles zu verzichten, was wir nicht wirklich benötigen. So wird es uns gelingen, unseren Weg leichteren Schrittes weiterzugehen und auf diese Weise die Jahre und den Verschleiß, den das Leben mit sich bringt, zu kompensieren.

Der Psychologe und Schriftsteller Joan Garriga erklärt diesen Verzicht sehr anschaulich, indem er einen Berg als Metapher für das Leben benutzt. In der ersten Hälfte unseres Lebens erklimmen wir den Berg mit dem Wunsch, uns Dinge anzueignen. Wir häufen Wissen, Erfahrungen, Freundschaften, Liebesgeschichten an sowie berufliche oder intellektuelle Erfolge und Besitztümer aller Art … In der Mitte des Lebens erreichen wir den Gipfel des Berges und rufen: »Hier stehe ich! All das habe ich erreicht!« Und von unserem Aussichtspunkt aus genießen wir den Blick auf die Welt. Doch nachdem wir den Zenit überschritten haben, müssen wir den Berg auf der anderen Seite wieder hinabsteigen. Vom Aufstieg ermüdet, spüren wir, wie unsere Kräfte schwinden und wie sie sich im Laufe des Abstiegs nach und nach weiter verringern.

Der weise Mensch hört auf diesem zweiten Teil der Reise mit dem Sammeln auf und beginnt loszulassen. Nach und nach befreien wir uns jetzt von allem, was unseren Rucksack unnötig beschwert. Von Mal zu Mal benötigen wir weniger und setzen unseren Weg lieber mit leichterem Gepäck fort. Bis wir am Ende des Abstiegs das Letzte, was wir haben, abwerfen: das eigene Leben.

Joan Garriga spricht davon, wie traurig es ist, Menschen mit einer Einstellung des Gewinnens und Anhäufens den Berg hinabsteigen zu sehen. Statt ihr Leben zu vereinfachen und nur noch das Wesentliche zu behalten und in erster Linie die Zeit wertzuschätzen, beharren sie weiterhin darauf zu erobern und sich selbst zu beweisen, indem sie ihren Terminplan vollstopfen und versuchen, Medaillen zu gewinnen. Sie können weder delegieren noch loslassen.

Solche Menschen müssten von der Weisheit der Sadhus lernen.

Worauf kannst du verzichten?

In der deutschen Komödie *100 Dinge* beschließen zwei Freunde im Zuge einer Wette, auf alles, was sie haben, zu verzichten. Hundert Tage lang wollen sie nun nackt zwischen vier Wänden leben. Täglich dürfen sie eines der Dinge, von denen sie sich getrennt haben, wieder in ihr Leben aufnehmen, um zu sehen, ob sie es wirklich brauchen.

Dieser Film hat uns an einen Klassiker der Selbsthilfeliteratur erinnert. 1994 verfasste Elaine St. James das Buch *In Einfachheit leben*, nachdem sie sich fünfzehn Jahre lang in einer Immobilienagentur totgeschuftet hatte. Erschöpft von einem übervollen Terminplan, der immer gespickt war mit zu erledigenden Dingen, zog sie sich für ein Wochenende von allem zurück, um ihr Leben neu zu überdenken. Sie stellte eine Liste auf mit Möglichkeiten, die ihr potenziell helfen würden, ihren überladenen Alltag zu entschlacken. Das waren zum Beispiel folgende:

- an den Ort ziehen, an dem sie wirklich leben wollte; in ein kleineres Haus, dessen Unterhalt sie weniger Geld und Zeit kosten würde

- ihre Arbeit aufgeben und stattdessen etwas tun, das ihr mehr Freude machen würde, selbst wenn sie dadurch an Kaufkraft verlor
- dieses »verdammte Boot« verkaufen, das sie nie benutzte und das ihr Kopfzerbrechen bereitete
- ihren Bedarf an Waren und Dienstleistungen radikal verringern
- ihre Ess- und Kaufgewohnheiten hinterfragen

Am Ende dieses Kapitels wollen wir dir vorschlagen, es genauso zu machen wie Elaine St. James. Um dein Leben zu entschlacken, brauchst du kein Sadhu zu sein, und ebenso wenig brauchst du dich für ein ganzes Wochenende an einen entlegenen Ort zurückzuziehen. Gönne dir einfach eine Stunde für dich allein. Verabrede dich mit dir selbst in einem Café oder einem Park, nimm ein Heft mit und notiere:

- alle materiellen Dinge, auf die du verzichten kannst. Du kannst sie verkaufen oder verschenken und dadurch Platz und Zeit gewinnen
- nutzlose und unnötige Ausgaben
- Treffen und Verpflichtungen, auf die du im Grunde keine Lust hast, sowie Beziehungen, die du nur aus Trägheit weiter unterhältst
- alltägliche, automatisch ablaufende Angewohnheiten wie fernsehen, mit dem Smartphone surfen und so weiter; alles Unwichtige, was du per Autopilot machst

Nachdem du alles, worauf du verzichten kannst, notiert hast – und falls dich die Protagonisten aus dem oben erwähnten deutschen Film inspiriert haben –, schlagen wir dir vor, jeden Tag etwas von dem wegzulassen, was auf deiner Liste steht.

Mache dies hundert Tage lang und überprüfe, wie sehr du dein Leben von Lasten befreit hast. Willkommen auf dem Weg des Sadhu!

ASCHRAM: IN GEMEINSCHAFT WACHSEN

Bei unseren Erkundungen im Norden von Okinawa, aus denen die Werke hervorgegangen sind, die uns bis zu unserem aktuellen Buchprojekt geführt haben, entdeckten wir, dass einer der Schlüssel zu einem langen Leben darin besteht, einen guten Freundeskreis zu haben; eine geistige Familie. Soziale Unterstützungsgruppen (die sogenannten *Moai*, die wir im Dorf Ogimi besuchten und in denen alte Menschen sich, dank einer Gemeinschaftskasse, sogar finanziell gegenseitig halfen) tragen mit dazu bei, dass die Leute in diesem Teil der Welt länger und besser leben als anderswo. Moai bedeutet »in einer gemeinsamen Absicht zusammenkommen«.

Eine starke Gemeinschaft trägt zu einer langen Lebensdauer und auch zum Glück bei. Kein Mensch ist eine Insel, wie der Dichter John Donne im siebzehnten Jahrhundert sagte. Wir brauchen die anderen, um uns seelisch und geistig wohlzufühlen. Unser Wohlbefinden wird natürlich besonders von den Menschen beeinflusst, die uns direkt begleiten. Wenn wir hier die richtigen wählen, werden wir uns in schwierigen Momenten gestärkt und in traurigen Zeiten getröstet fühlen. Und diese Menschen werden uns auch bei der Umsetzung unserer Ideen und Projekte helfen.

In Indien existiert die Tradition der Aschrams, spiritueller Gemeinschaften, die sich um einen Meister herum bilden oder sich in einem bestimmten Glauben zusammenfinden. Mit ihnen werden wir uns in diesem Kapitel befassen. Wie auch im Leben, wo die Wahl eines Umfeldes aus besonderen Menschen deine ureigenen Stärken zu fördern vermag, kann es dir passieren, dass du, wenn du den falschen Aschram wählst, statt eines Aufstiegs einen herben Abstieg erlebst.

Ort der religiösen Bemühung

Spirituelle Praxis, Leben in der Gemeinschaft und Suche nach seelischem Frieden – darum geht es unter anderem in den Aschrams. Diese Zentren, die jedem offenstehen, der beispielsweise Meditation und Yoga erlernen will, bilden eine Oase sowohl für inneres Wachstum als auch um herauszufinden, wie man leben will.

Ihre Pforten sind sowohl für die von Kloster zu Kloster pilgernden Sadhus als auch für die lokale Bevölkerung geöffnet, unabhängig von ihrer Kaste. Gern gesehen sind zudem Reisende, die dem Alltagstrubel entfliehen und eine Zeit lang durch ein einfaches Leben herausfinden möchten, was sie glücklich macht. Letzteres kann jeder, egal ob er Buddhist, Hinduist oder Laie ist, nur für sich selbst beantworten.

Früher lagen die Aschrams vornehmlich außerhalb der Städte inmitten erholsamer Natur. Diese Oasen der Ruhe stellen noch heute all jenen, die ihre Seele erforschen wollen, Unterkunft und Unterweisung zur Verfügung und ermöglichen Phasen des Ausspannens.

Einige Aschrams nehmen gern freiwillige Mithelfer auf, die sich am Unterhalt des Zentrums und an Dienstleistungen beteiligen. Andere öffnen ihre Tore, ohne Bedingungen zu stellen.

Die Wortbedeutung von Aschram im Sanskrit sagt alles über ihre Philosophie aus: »Ort der religiösen Bemühung«. Traditionell werden dort die heiligen vedischen Schriften studiert sowie Yoga und Meditation praktiziert. Mit großer Selbstdisziplin in puncto Ernährung und Uhrzeiten widmet man sich der spirituellen Weiterentwicklung auf dem Weg zu Moksha, zur spirituellen Befreiung.

Ein wesentlicher Aspekt des Aschrams ist seine Funktion als Gurukula, als »Haus des Gurus«. Dessen Schüler wohnen dort zusammen und werden von ihrem Lehrer oder geistigen Führer unterwiesen.

Von dem umstrittenen Chandra Mohan Jain, der sich später Osho nannte, bis zur »Mutter«, die in Auroville die futuristische Vision von Sri Aurobindo weiterentwickelte, gab es im modernen Indien Persönlichkeiten, die spirituelle Gemeinschaften um sich scharen. Man orientierte sich an den Lehren von Ramakrishna, Ramana Maharshi oder moderneren Meistern wie Jiddu Krishnamurti sowie der populären Amma, zu der die Menschen strömen, um von ihr umarmt zu werden.

GEIST IST NAHRUNG

Zum Leben im Aschram gehört eine ausgewogene und leichte Ernährung, die für Konzentration und geistige Klarheit von größter Bedeutung ist, wie die *Chandogya-Upanishad* (VI; 6-1-4) betont:

> Die genossene Speise teilt sich dreifach. Ihr gröbster Bestandteil wird zu Kot, ihr mittlerer zu Fleisch, ihr feinster zum Denkorgan. [...] Wenn die saure Milch gequirlt wird, so strebt der feinste Bestandteil davon nach oben und wird zu Butter. Genauso strebt von genossener Speise der feinste Bestandteil nach oben und wird zum Denkorgan. [...] Denn aus Speise, mein Lieber, besteht das Denkorgan.

Tatsächlich rufen laut einer Untersuchung des Lieferdienstes Lieferando indische Gerichte (verschiedene Currys) die größten Glücksgefühle hervor. Die Studienergebnisse von 2020 zeigen, dass der Verzehr eines Currys das subjektive Glücksempfinden eines Menschen um dreiundachtzig Prozent steigert.

Dass Curry ein derartiges Glücksgefühl auslöst, mag an den Gewürzen liegen, mit denen es zubereitet wird, besonders am Kurkuma; denn einer weiteren, von der kalifornischen Universität UCLA durchgeführten Studie zufolge

verbessert Kurkuma die seelische Verfassung. Wir werden diesem Gewürz im vorliegenden Buch einen eigenen Abschnitt widmen.
Quellen: Lieferando: https://www.lieferando.at/en/explore/takeaway-happiness-study/
UCLA: https://newsroom.ucla.edu/releases/curcumin-improves-memory-and-mood-new-uclastudy-says

Die Ruhe nähren

Die meisten indischen Aschrams orientieren sich im Bereich der Ernährung an den Prinzipien des Ayurveda. Auch wir können uns ohne den Rückzug in ein spirituelles Zentrum nach diesen Regeln richten, um bei uns zu Hause etwas für die Gesundheit von Körper, Geist und Seele zu tun:

- Nur frische Lebensmittel verzehren, deren Zubereitung nicht mehr als drei Stunden zurückliegt.
- Verarbeitete Lebensmittel (Fertiggerichte), Koffein, Softdrinks, Zucker, tiefgefrorene, frittierte und verpackte Lebensmittel meiden.
- Milchprodukte und Früchte nicht gemeinsam verzehren. Vor der Nahrungsaufnahme nicht mehr als 100 ml Wasser trinken.
- Nur essen, wenn man Hunger hat, und mit Essen aufhören, wenn man satt ist; nicht erst dann, wenn man sich voll fühlt. An dieser Stelle erinnern wir an die japanische Regel *Hara hachi bu*, die wir in *Ikigai* vorgestellt und erläutert haben. Sie besagt, dass es am gesündesten

ist, mit Essen aufzuhören, wenn der Magen zu achtzig Prozent gefüllt ist.

- Essenszeiten strikt und ohne Ausnahmen einhalten. Diese Regel wird von der modernen Chronobiologie unterstützt. Dort heißt es, dass unser Verdauungssystem ein festes Zeitschema braucht, damit die Darmflora optimal arbeitet.
- Nur einen Teelöffel Butterschmalz (Ghee) am Tag zu sich nehmen.
- Vor dem Essen die Magensäfte mit ein wenig Ingwer stimulieren.
- Sich ausschließlich auf das Essen und nichts anderes konzentrieren, damit man es besser genießen kann. Langsam und in Stille essen, wie dies in den Achtsamkeits-Retreats üblich ist. Puristen empfehlen, jeden einzelnen Bissen zweiunddreißigmal zu kauen, um die Verdauung zu fördern.
- Sich während des Essens möglichst nicht ablenken, sich nicht unterhalten oder lesen.

Bei der Nahrungsaufnahme sollten wir uns darüber bewusst sein, dass das, was uns nährt, Energie ist, die von der Erde und vom Universum kommt; also ein Geschenk Gottes.

Eine bewusste und gesunde Ernährung, ob im Aschram oder zu Hause, verleiht uns Energie und körperliches wie seelisches Wohlbefinden.

DIE ANKUNFT IM RETREAT-ZENTRUM

Wir fuhren eine ganze Weile mit dem Jeep einen unbefestigten Weg entlang, der sich zwischen Abgründen den Berg hinaufschlängelte. Dann tauchte ein Stupa auf, der erste, den ich in meinem Leben sah. Nachdem wir geparkt hatten, folgte ich dem Führer auf einem Weg, von dem aus man vereinzelte kleine Steinhäuser erblickte.

Im Hauptgebäude empfing mich die Schwester Oberin, die in Madrid Krankenschwester gewesen war. Sie erklärte mir, die Hütten seien so ausgerichtet, dass die Meditierenden nicht miteinander in Kontakt kommen könnten, nicht einmal durch Blickkontakt.

»Jeden Morgen wirst du einige Meter vor deiner Tür einen Korb vorfinden«, erklärte sie mir. »Er enthält Frühstück, Mittag- und Abendessen. Du stellst die Essensreste des Vortags zusammen mit dem gespülten Geschirr an genau der gleichen Stelle ab und nimmst dann das neue Essen mit.«

Ich wollte mich im Lauf dieser Woche in einsamer Umgebung selbst erforschen; aber da ich noch nie im Leben meditiert hatte, bat ich die Nonne, mir zu erlauben, jeden Tag für eine Weile an der gemeinschaftlichen Meditation teilzunehmen.

»Du kannst zur Abendmeditation kommen«, sagte sie nicht gerade begeistert.

Für einen Stadtmenschen ohne Erfahrung in diesen Dingen war es nicht leicht, sich an den Gedanken zu gewöhnen, eine Woche lang in dieser Hütte zu leben, in der es weder Strom noch warmes Wasser gab. Ich konnte höchstens eine Kerze anzünden, um bei Dunkelheit ein wenig lesen zu können.

Eine Pritsche, ein Meditationskissen, ein kleiner Schreibtisch und ein Gaskocher, um mir Tee zu machen: das war alles.

Francesc Miralles – Los lobos cambian el río
(dt. Die Wölfe wechseln das Ufer)

Die Wohltaten eines Retreats

Warum haben so viele Menschen das Bedürfnis, dem Alltagstrubel zu entfliehen und ihrem unablässigen Grübeln Einhalt zu gebieten? Dafür gibt es wahrscheinlich so viele Gründe, wie es Menschen gibt, die beschließen, sich auf eine solche Erfahrung einzulassen. Die häufigsten Motive sind jedoch folgende:

- Die Sehnsucht, mit dem eigenen Innersten in Kontakt zu kommen, sich besser kennenzulernen, in der Stille einen Raum zu finden, um sich selbst beobachten und Veränderungen angstfrei akzeptieren zu können.
- Der Wunsch, mittels Meditation oder einer anderen spirituellen Übung Geduld und Demut zu erlernen.
- Die Möglichkeit, in der Gemeinschaft Selbstlosigkeit zu üben, Individualismus und Egoismus abzulegen und sich zugleich als Teil von etwas Größerem zu fühlen.
- Der Wunsch, Körper und Geist von toxischen Dingen zu reinigen, vom Trubel und Lärm des Alltags auszuru-

hen und aufzutanken, um sich auf kommende Herausforderungen vorzubereiten.

- Die Möglichkeit des Kontakts zu einem Lehrer oder spirituellen Führer, der einem auf dem eingeschlagenen Weg ein neues Licht zeigen kann. Außerdem der Wunsch, anderen Pilgern zu begegnen, die sich möglicherweise in einer ähnlich wichtigen Lebensphase befinden. Bei Schweige-Retreats ist die Anwesenheit anderer Menschen inspirierend, und die Übungen fallen einem leichter, als wenn man sie allein durchführt.

Das Leben in einem Aschram spielt sich in einem Haus mit Schlafräumen – normalerweise Mehrbettzimmer –, Speisesaal, Meditations-, Yoga- und Leseräumen sowie einem Garten ab.

Obwohl Stille nur dann obligatorisch ist, wenn man sich in einem Retreat für *Vipassana*-Meditation oder Ähnlichem befindet, wird man in einem Aschram gebeten, leise zu sprechen. Gewünscht wird zudem, dass man bequeme, weite sowie diskrete Kleidung trägt (Arme, Beine und Oberkörper sollten bedeckt sein), zum Beispiel lange Kleider, Saris, *Punjabis*, *Dhotis* und Hemden.

Körperkontakt ist nur bedingt möglich – in den meisten Klöstern herrscht Zölibat –, außerdem darf man weder rauchen noch Alkohol trinken oder Drogen konsumieren.

Der Tagesablauf vom Aufstehen bei Tagesanbruch bis zum Rückzug bei Beginn der Dunkelheit ist nach einem klaren Zeitplan strukturiert. Dazu gehören *Satsang*-Zeit für Meditation, Mantra-Singen und Lektüre, Yoga- und Meditationsstunden sowie leichte Mahlzeiten.

Das Leben im Aschram ist bewusst spartanisch. Die Rückbesinnung auf das Wesentliche gibt einem die Möglichkeit zu erkennen, was im eigenen Leben überflüssig geworden ist. So bekommt man, wie wir im vorigen Kapitel gesehen haben, eine Ahnung von den Fundamenten des eigenen Glücks.

ABSCHALTEN UND WIEDER ZU SICH SELBST FINDEN: ESSEN, BETEN, LIEBEN

Um den von Spiritualität handelnden Teil ihres Bestsellers *Eat, Pray, Love* schreiben zu können, verbrachte Elizabeth Gilbert im Jahr 2004 einige Zeit in einem indischen Aschram. Während sie auf ihren Reisen durch Italien mit Essen verbundene Rituale und Gefühle kennenlernte und sich auf Bali mit ihrem Körper und den Empfindungen des Verliebtseins befasste, konnte sie im Aschram von Ganeshpuri – in dem sie sich vermutlich erholen wollte – Läuterung und spirituelle Rückverbindung zum Selbst erfahren.

Das spirituelle Refugium der Beatles

Für den Guru Maharishi Mahesh, den Begründer der Transzendentalen Meditation, der die Beatles in die Meditation einführte, war Freude der einzig wahre Erfolg. Die vier Mitglieder der berühmtesten Musikgruppe aller Zeiten reisten 1968 gemeinsam mit ihren Partnerinnen und weiteren Familienangehörigen nach Rishikesh, in die heilige Stadt am Ufer des Ganges, die auch heute noch als Yoga-Hauptstadt der Welt gilt und wo sich einige der bekanntesten Aschrams Indiens befinden.

Für die spirituellen Entdeckungen begeisterte sich am meisten George Harrison, der dies damit begründete, dass er hoffte, wieder einen Sinn in seinem Leben zu finden. Nach Jahren des Reichtums und des Ruhms spürte er, dass ihm wahre Liebe und Frieden fehlten.

Von Georges Faszination angesteckt, zog sich die gesamte Band in den Aschram Charausi Kutia zurück, dessen Name von Maharishi Mahesh stammt und »vierundachtzig Hütten« bedeutet. Dort komponierten die Beatles große Teile des legendären *White Album*.

In den Neunzigerjahren war der Aschram dann nicht mehr in Betrieb und wurde erst vor Kurzem wieder für Besucher geöffnet; vor allem für Beatles-Fans, die ehrfurchtsvoll durch die verfallenen, mit Moos und Spinnweben überzogenen Gebäude pilgern.

Eines der an diesem Ort komponierten Beatles-Lieder ist »Dear Prudence«. Darin wird versucht, die Schwester der Schauspielerin Mia Farrow aus ihrer Meditationszelle zu locken. Prudence wurde später übrigens selbst Lehrerin für Transzendentale Meditation.

Ein weiteres im Aschram von Rishikesh entstandenes Stück ist »I'm so Tired«. Es beschreibt John Lennons Stimmung nach einer Zeit des Rückzugs, in der er keinen Alkohol trinken und keine Drogen nehmen durfte. Auf Genüsse zu verzichten fiel den »Fab Four« nicht leicht.

Drei Glückslektionen

Vielleicht wirst du dich nie zu einer spirituellen Ruhepause in einen Aschram oder ein Kloster zurückziehen. Solltest du es dennoch tun, wird es vermutlich ein Urlaub vom weltlichen Leben sein, in das du anschließend wieder zurückkehren musst, um dich mit denselben Problemen und Schwierigkeiten wie vorher zu befassen.

Die Frage ist also, wie du auch im Alltag die Gelassenheit und geistige Klarheit erlangen kannst, zu der einem ein spiritueller Rückzug verhilft.

Uns fallen für beides mindestens drei praktische Möglichkeiten ein:

1. *Schaffe dir zu Hause deine eigene Oase.* Das könnte zum Beispiel ein kleiner sakraler Bereich sein, in dem du dich entspannen kannst, eine Zimmerecke mit einem Teppich oder einem Kissen und einem kleinen Tisch. Oder dein Lieblingssessel. Falls du in einer größeren Wohnung oder einem Haus wohnst, könnte es ein Zimmer sein, in das du dich tatsächlich zurückziehen kannst und nicht gestört wirst. Eine Oase braucht aber nicht unbedingt ein physischer Ort zu sein, denn vielleicht verfügst du nicht über einen solchen friedlichen Winkel. Es kann auch ein bestimmter Zeitraum sein, den du dir jeden Tag frei hältst, um für dich zu sorgen und dir etwas Gutes zu tun, ohne von Äußerem abgelenkt zu werden. In dieser Zeit kannst du meditieren, lesen (solltest aber vorher alle elektronischen Geräte ausschalten), Musik hören oder einfach nur nachdenken. Notiere ruhig

in einem Heft, was dir dabei so alles durch den Kopf geht.

2. *Mach dir die guten Gewohnheiten eines Klosters zu eigen.* Zwar hindert uns die Hektik des Alltags daran, so zu leben wie in einem Vipassana-Retreat, aber einige der dort üblichen hilfreichen Praktiken können wir in unser Leben übertragen: bewusste und gesunde Ernährung, genügend Momente der Stille und Erholung, Zeiten mit anderen und Zeiten des Alleinseins. Du selbst entscheidest darüber, mit welchen klösterlichen Anteilen du deinen Alltag bereichern willst.
3. *Achte auf dein soziales Umfeld.* Genau wie ein Moai besteht auch ein Aschram – oder sollte es zumindest – aus einer Gruppe von Menschen, die auf ein gemeinsames Ziel hinarbeiten. Deshalb ist es wichtig, sich gut zu überlegen, in welchen Kreisen man sich bewegen und mit wem man zusammen sein möchte. Die sogenannten Spiegelneuronen bewirken, dass wir mit der Zeit immer stärker den Personen ähneln, mit denen wir regelmäßig zu tun haben. Deshalb ist es so wichtig, zu überprüfen, was für ein Umfeld wir uns geschaffen haben. Teile ich mit diesen Menschen dieselben elementaren Prinzipien? Wird mein Leben durch sie reicher oder verliert es eher an Wert? Fördern oder bremsen sie mein geistiges Wachstum? Letztendlich hängt unsere Lebensqualität von der Qualität unseres Freundes- und Bekanntenkreises ab.

LEHRMEISTER UNSERER ZEIT

Ein Kapitel im ersten Teil dieses Buches haben wir den alten indischen Lehrmeistern gewidmet; Menschen, die ihrer Zeit voraus waren, da sie Fragen aufgeworfen haben, die noch heute höchst aktuell sind. In der Moderne tauchen neben literarischen Größen wie Rabindranath Tagore, dem ersten Nichteuropäer, der den Nobelpreis für Literatur erhielt, oder Denkern des zwanzigsten Jahrhunderts wie Jiddu Krishnamurti auch auf dem Gebiet der Technologie und in der Geschäftswelt immer mehr aus Indien stammende Gurus auf, die zu führenden Persönlichkeiten einer neuen Welt geworden sind.

Erstmals fiel uns die Häufung von Made-in-India-Talenten auf, als wir auf den indischen Subkontinent reisten, kurz bevor die Pandemie weltweit alle Türen verschloss. Während einer Lesereise durch das Land hatten wir das Glück, die Bühne mit großen Rednern zu teilen, die sich vor unserer Lesung in Anwesenheit des Publikums mit uns unterhielten. Ein Unternehmer aus Bombay sprach über seine eigene Vorstellung von Ikigai und schilderte uns in diesem Zusammenhang ein persönliches Erlebnis, von dem wir seitdem gerne erzählen und das wir damals für die Leser der spanischen Zeitschrift *MenteSana* (dt. Gesunder Geist) festgehalten haben.

Dieser Mann berichtete von seinen geschäftlichen Erfolgen, die dazu geführt hatten, dass aus seiner Firma ein multinationaler Konzern geworden war. Eines Tages stand eine Reise nach New York an, wo er die lukrativsten Verträge seines Lebens abschließen sollte. Kurz vor der Reise überreichte seine Mutter ihm einen Umschlag.

»Was ist das, Mutter?«, fragte er.

»Öffne ihn noch nicht«, antwortete sie. »Es ist ein Geschenk anlässlich dieser wichtigen Reise, die vor dir liegt.«

Neugierig geworden, legte der Unternehmer den Umschlag in seine Brieftasche. Als er in New York aus dem Flugzeug stieg, fiel ihm der Brief wieder ein. Er holte ihn hervor und öffnete ihn. In dem Umschlag lag ein zusammengefaltetes Blatt Papier, auf das seine Mutter ein einziges Wort geschrieben hatte: »GENUG«.

Verblüfft rief er sie an, um sie zu fragen, was dieses Geschenk zu bedeuten habe.

»Keine Sorge, mein Sohn«, sagte sie. »Wenn du es auf dem Hinweg nicht verstehst, wirst du es auf dem Rückweg verstehen.«

Nun erst recht verwirrt, steckte er den Umschlag wieder in seine Tasche und beschloss, sich innerlich auf die Verhandlungen vorzubereiten, die ihn in der Stadt, die niemals schläft, erwarteten.

Ein paar Tage später flog er zurück nach Bombay. Obwohl er in der ersten Klasse mit all ihren Annehmlichkeiten reiste, verspürte er, kaum dass die Maschine gestartet war, eine gewaltige Erschöpfung. Aber nicht nur eine körperliche und geistige. Nach dem berauschenden Vertragsabschluss überfiel ihn plötzlich eine große existenzielle Müdigkeit.

»Im Grunde«, sagte er sich, während er durch den Himmel schwebte, »langweilt dich dieses Leben, das du einmal so aufregend fandst und das andere so sehr beeindruckt hat.« Er begriff, dass diese ganze Lebensweise ihren Sinn für ihn verloren hatte.

Erst da fielen ihm wieder der Brief seiner Mutter und ihr orakelhafter Satz ein: »Wenn du es auf dem Hinweg nicht verstehst, wirst du es auf dem Rückweg verstehen.« Das Wort GENUG bekam auf einmal neue Bedeutung.

Bis zu diesem Augenblick war in seinem Leben alles glattgelaufen, und seine Geschäfte hatten ihm sogar Spaß gemacht. Doch jetzt war die Lust verflogen. Wenn er wollte, konnte er seinen Reichtum verdoppeln, sogar verzehnfachen, aber er würde stets die gleiche oder eine noch schrecklichere Leere empfinden.

Als er wieder zu Hause war, traf er eine radikale Entscheidung. Er würde sich aus dem Geschäftsleben zurückziehen und sich einer Aufgabe widmen, die schon seit längerer Zeit an die Türen seines Gewissens klopfte. Nur hatte er bisher nicht darauf achten wollen. Er würde besonders benachteiligten jungen Menschen eine qualifizierte Ausbildung ermöglichen.

Als der Geschäftsmann sich der vor ihm liegenden neuen Aufgabe zuwandte, spürte er, wie frische, jugendliche Energie seinen Körper durchströmte. Er begann zu planen, wie er seine finanziellen Mittel investieren könnte, um Lehrer und Erzieher zu schulen, die Kinder aus Bevölkerungsgruppen unterrichten würden, denen der Zugang zu einer soliden Ausbildung verwehrt war.

Bald schon hatte er ein ehrgeiziges Programm und ein Team von Mitarbeitern zusammengestellt, einen Zeitplan sowie mittel- und langfristige Ziele erarbeitet. Der Unternehmer hatte seine beste Lebensphase erreicht. Nach Jahren am falschen Platz hatte er einen Sinn in seinem Leben entdeckt, sein Ikigai. Seinen fesselnden Bericht beendete er mit folgenden Worten: »Jetzt kann ich sagen, dass ich glücklich bin. Ich fühle mich als Mensch verwirklicht und nützlich für die Gesellschaft. Und noch ein letztes Geheimnis werde ich euch verraten. Heutzutage will jeder überall gleichzeitig sein, mit der ganzen Welt kommunizieren, seine Präsenz vervielfachen. Das bewerten die Menschen als Erfolg; aber ich kann nur sagen, es ist absolut falsch. Erfolg erlangt man auf dem genau entgegengesetzten Weg: indem man Türen *schließt*. Nur wenn man die Tür vor alldem schließt, was unwichtig ist, kann man sich auf das wirklich Wichtige konzentrieren und als Mensch erfolgreich sein.«

Der unmögliche Mathematiker: Srinivasa Ramanujan

Es gibt Genies, die Türen schließen, um sich ihrem Ikigai zu widmen, und andere, die Türen öffnen, von denen bisher keiner weiß, dass sie überhaupt existieren.

Bevor wir uns mit einigen zeitgenössischen Größen aus dem technologischen Bereich befassen, wollen wir in das Jahr 1887 zurückgehen, um von einem einzigartigen Fall aus der Welt der sogenannten »exakten Wissenschaften« zu berichten.

Srinivasa Ramanujan wurde in der Stadt Erode im indischen Bundesstaat Tamil Nadu geboren und starb im Alter von zweiunddreißig Jahren. Obwohl sein Leben früh endete, gilt er als einer der größten Mathematiker der Geschichte.

Was an seinem Fall so verblüfft, ist die Tatsache, dass er von klein auf vollkommen autodidaktisch lernte, allein aus Büchern und mithilfe seiner Intuition. Er war ein derartiges mathematisches Genie, dass er eines Tages auf dem Krankenbett eine Idee formulierte, die sich als ein neuer Beitrag zur Mathematik erweisen sollte und mittlerweile als Taxicab-Zahl oder Hardy-Ramanujan-Zahl bekannt ist.

Ramanujans Mentor Godfrey H. Hardy von der London Mathematical Society schildert die Begebenheit folgendermaßen:

> Ich erinnere mich an einen Besuch bei Ramanujan, als dieser in Putney (London) im Krankenhaus lag. Das Taxi, das mich hingebracht hatte, trug die Nummer 1729. Ich sagte zu Ramanujan, das sei eine nichtssagende Zahl, und hielt sie insgeheim für ein möglicherweise böses Omen. Er aber war anderer Ansicht. »Nein«, antwortete er, »die Nummer des Taxis, das Sie hergebracht hat, ist sogar sehr

interessant. 1729 ist die kleinste natürliche Zahl, die sich auf zwei unterschiedliche Weisen als Summe zweier Kubikzahlen darstellen lässt.«

Doch blicken wir zuerst einmal auf die Zeit, als Ramanujan noch ein völlig unbekannter indischer Junge war. Wie hat er es geschafft, ohne Mathematikstudium von einem renommierten Forscher der University of Cambridge als Mitarbeiter eingestellt zu werden?

Ramanujan kam in einer armen Familie zur Welt. Sein Vater arbeitete in einem Bekleidungsgeschäft, seine Mutter war Hausfrau. Als er elf Jahre alt war, fiel ihm ein von einem englischen Mathematiker verfasstes Buch über Trigonometrie in die Hände. Die Beschäftigung damit sollte sein Leben in eine neue Richtung lenken.

Nachdem er das Werk zwei Jahre lang studiert hatte, begann er, auf der Grundlage seines selbstständig erworbenen Wissens eigene Theoreme aufzustellen. Mit vierzehn Jahren war Ramanujan bereits ein herausragender Mathematikschüler und beendete Klassenarbeiten in diesem Fach in der Hälfte der vorgegebenen Zeit. In den anderen Fächern war er eher mittelmäßig.

Nach seinem Schulabschluss begann er ein Hochschulstudium, brach aber außer Mathematik fast alle Fächer ab und musste die Universität verlassen. Daraufhin befasste er sich eigenständig, ohne irgendeine Ausbildungsstätte zu besuchen, mit seinem Lieblingsfach. Seine Obsession für Zahlen bescherte ihm ein Leben in großer Armut. 1912 erhielt er in Madras, dem heutigen Chennai, eine Stelle als Buchhalter und verdiente das bescheidene Monatsgehalt von dreißig Rupien. Aufgrund seiner überragenden Fähigkeiten im Umgang mit Zahlen war er aber jeden Tag früh mit der Arbeit fertig und konnte seine Freizeit dazu nutzen, seine mathematischen Forschungen voranzutreiben.

Mithilfe von Freunden, die Englisch sprachen, begann er im selben Jahr, also zu einer Zeit, da Indien noch eine britische Kolonie war, Briefe an prominente Mathematiker aus dem Empire zu schreiben. Seine ersten Versuche, seine eigenen Theorien zu präsentieren, waren in einigen Fällen wegen mangelnder Genauigkeit abgelehnt worden, in anderen deshalb, weil die mathematischen Ergebnisse, die er seinen Briefen beifügte, so außerordentlich waren, dass die Empfänger kaum glauben konnten, dass sie von einem Sechzehnjährigen stammten. Man hielt ihn für einen Betrüger.

Doch Ramanujan ließ sich nicht entmutigen. Er schrieb dem international bekannten Mathematiker Godfrey H. Hardy, einem Mitglied der London Mathematical Society, und dieser erkannte sein Talent.

Ramanujans neunseitiger Brief begann so:

S. Ramanujan an G. H. Hardy
16. Januar 1913
Sehr geehrter Herr,
ich erlaube mir hiermit, mich Ihnen vorzustellen als Angestellter im Buchhaltungsbüro des Hafenamts von Madras mit einem Jahresgehalt von zwanzig Pfund. Ich bin sechsundzwanzig Jahre alt. Ich habe keine abgeschlossene Universitätsausbildung, habe aber den üblichen Unterricht absolviert. Nach meinem Schulabschluss habe ich meine Freizeit der mathematischen

Forschung gewidmet. Ein Mathematikstudium habe ich nicht zu Ende geführt, gehe inzwischen vielmehr einen eigenen, neuen Weg. Ich habe speziell über divergente Reihen im Allgemeinen geforscht, und hiesige Mathematiker betrachten die Ergebnisse als »überraschend«.

Ansonsten finden sich in dem Brief mathematische Gleichungen, die Ramanujan entdeckt, aber nicht bewiesen hatte. Obwohl es den Ausführungen an mathematischer Exaktheit fehlte, waren die in dem Brief dargestellten Ergebnisse so verblüffend, dass Hardy beschloss, den jungen Mann nach London einzuladen und ihm anzubieten, bei ihm zu arbeiten.

Doch Ramanujans Mutter widersetzte sich dem Vorhaben ihres Sohnes, und so musste dieser die Einladung nach England ablehnen. Hardy aber ließ nicht locker und bat einen anderen englischen Mathematiker, der gerade in Madras lehrte, als Mentor zu fungieren und zu versuchen, die Mutter zu überreden, ihren Sohn nach London gehen und bei ihm arbeiten zu lassen.

Eines Tages hatte Ramanujans Mutter einen besonders eindringlichen Traum, in dem ihr Namagiri Thayar – eine in ihrer Familie hochverehrte hinduistische Gottheit – erschien und zu ihr sagte: »Stell dich nicht länger zwischen deinen Sohn und sein Lebensziel.« Nach dieser klaren Botschaft beschloss die Mutter, ihrem Sohn zu erlauben, die Einladung nach England anzunehmen.

So reiste Ramanujan schließlich 1914 mit dem Schiff nach London. Dort arbeitete er mehrere Jahre Seite an

Seite mit Hardy und wurde sogar zum Mitglied der London Mathematical Society sowie der Royal Society gewählt, einer Gelehrtengesellschaft zur Wissenschaftspflege, der bereits Persönlichkeiten wie Isaac Newton, Charles Darwin und Albert Einstein angehörten.

Ramanujan erkrankte an Tuberkulose und kehrte 1919 nach Madras zurück, wo er 1920 mit nur zweiunddreißig Jahren starb.

Hundert Jahre später trägt sein Erbe weiterhin zum mathematischen Fortschritt bei. So verwendete zum Beispiel Andrew Wilson in den Neunzigerjahren die auf den von Ramanujan entdeckten Kongruenzen basierende Galois-Theorie, um den letzten Satz von Fermat zu beweisen.

Ramanujans Wegweiser zum Erfolg

Ramanujans außergewöhnliches Talent erinnert uns an die jungen Inder und Inderinnen, die der Unternehmer aus Bombay unterstützen will, damit sie ihre Fähigkeiten entfalten können. Aber einiges aus der Geschichte des jungen Mathematikers lässt sich sicher auch auf deinen Alltag übertragen:

- *Autodidaktisches und selbstständiges Lernen* – in den heutigen Zeiten der YouTube-Tutorials gang und gäbe – kann dir helfen, umzudenken und sogenannte Out-of-the-Box-Ideen, das heißt unkonventionelle Ideen, zu entwickeln. Vielleicht hat Ramanujan, gerade weil er keine akademische Ausbildung besaß, in der Mathematik vieles entdeckt, von dem niemand vor ihm je etwas geahnt hatte. Hierzu passt folgender Satz, der dem vielseitigen französischen Künstler Jean Cocteau zugeschrieben wird: »Er wusste nicht, dass es unmöglich war, deshalb tat er es.«

- *Ein Buch kann dein Leben für immer verändern.* Der Band über Trigonometrie, der Ramanujan als Kind in die Hände fiel, war die Initialzündung, die sein Ikigai beziehungsweise sein Lebensziel zu Tage förderte. Was liest du zurzeit vor dem Einschlafen? Welche Tipps bekommst du dadurch für dein weiteres Leben?
- *In dir steckt ein Genie, das nur darauf wartet, erweckt zu werden.* Was wäre passiert, wenn Ramanujan nie Zugang zu Mathematikbüchern erhalten hätte? Die Gesellschaft ist bisweilen hart und ungerecht zu denen, die in fast allem schlecht sind und nur in einem Bereich großes Talent besitzen. Falls du Vater oder Mutter, Erzieherin oder Erzieher bist oder dir Menschen anvertraut sind, versuche, den Schatz zu heben, den jemand in sich trägt, vielleicht sogar ohne zu wissen, dass er/sie dieses Talent besitzt. Und vergiss nicht, es auch bei dir selbst zu tun.
- *Bleibe stets demütig.* Obwohl er wusste, dass er sehr gut in Mathematik war, wollte Ramanujan die Besten des Faches befragen und sich von ihnen führen lassen. Wie groß auch dein Talent sein mag: Vertraue denen, die mehr wissen als du oder aufgrund ihrer Erfahrungen einen Überblick haben, der dir fehlt.
- *Traue dich, Kontakt aufzunehmen,* ganz gleich wie renommiert oder berühmt die Person ist, die du bewun-

derst. Wenn sie ein geeigneter Mentor / eine geeignete Mentorin ist, der/die dir beibringen kann, was du benötigst, lohnt sich der Versuch, ihn beziehungsweise sie zu kontaktieren. Ein Brief oder, wie heute üblich, eine E-Mail an die richtige Person oder Institution kann deinem Leben eine entscheidende Wendung geben. Verliere nicht den Mut, wenn du zunächst Absagen erhältst. Manchmal muss man mehrmals an eine Tür oder sogar an viele Türen klopfen, um eingelassen zu werden. Eines aber ist sicher: Solange du es nicht versuchst, wird sich nichts ändern.

EIN SURFBRETT MIT BOTSCHAFT

Nach einem Vortrag in Valencia lernten wir eine Frau kennen, die uns von einem bemerkenswerten Abenteuer ihres Sohnes erzählte: Von klein auf begeisterter Wassersportler, setzte er alles daran, im besten Londoner Laden für Wassersportartikel eine Stelle zu bekommen. Resorts und Clubs aus aller Welt kauften in diesem Laden ein; und zu der erlesenen Kundschaft gehörte auch Richard Branson. Der Gründer des Virgin-Konzerns lebte damals bereits auf Necker Island, einer Insel, die ihm vollständig gehört. Zu den Gästen des Großindustriellen zählten unter anderem Barack Obama und seine Frau Michelle, die sich nach den beiden Regierungsmandaten Obamas eine Zeit lang auf den Britischen Jungferninseln erholten. Auf Necker Island heiratete auch der Google-Mitbegründer Larry Page.

Der junge Mann aus Valencia, der all diese Geschichten kannte, bewunderte den englischen Unternehmer zutiefst und träumte davon, als Wassersportlehrer auf dessen Privatinsel zu arbeiten. Als er eines Tages eine Warenlieferung für ihn zusammenstellte, ergriff er die Gelegenheit und versteckte in einer Surfbretthülle einen Brief an Richard Branson. Darin teilte er ihm seinen sehnlichen Wunsch mit, für ihn zu arbeiten.

Zu seiner Verwunderung erhielt er ein paar Wochen später ein Schreiben von Branson persönlich, in dem dieser ihm anbot, zu einem Vorstellungsgespräch auf die Insel zu kommen. Vermutlich hatte ihm die Haltung des jungen Mannes gefallen, denn eine der Maximen des Virgin-Gründers lautet: »Wenn deine Träume dir keine Angst machen, sind sie zu klein.«

Der junge Valencianer wurde als Wassersportlehrer des Magnaten und seiner illustren Gäste eingestellt. Er verbrachte mehrere Jahre auf der Insel und arbeitete dort Hand in Hand mit Richard Branson, bis er eines Tages beschloss, zu neuen Abenteuern in anderen Resorts der Welt aufzubrechen.

Satya Nadella, CEO von Microsoft

Was indische Führungskräfte aus der Technologiebranche betrifft, so wollen wir zuerst über Satya Nadella sprechen.

1967 als Sohn einer Sanskritlehrerin und eines Beamten in Indien geboren, emigrierte er 1988 in die Vereinigten Staaten. Nachdem er an der University of Wisconsin-Milwaukee ein Informatikstudium abgeschlossen hatte, trat er 1992 eine Stelle bei Microsoft an. Er gehörte zu den ersten dreißig Einwanderern, die von der US-amerikanischen Firma engagiert wurden.

Vierundzwanzig Jahre nachdem er bei Microsoft begonnen hatte, wurde er mit sechsundvierzig Jahren von Bill Gates und Steve Ballmer zum neuen CEO der Firma ernannt.

Seit Nadellas Aufstieg an die Spitze von Microsoft im Jahr 2014 hat sich der Börsenwert des Unternehmens vervielfacht. Heute (2022) steht es hinter Apple auf Platz zwei der Weltrangliste der börsennotierten Unternehmen.

Das Ikigai von Nadella und Microsoft

In der ersten E-Mail, in der sich Nadella als frisch ernannter CEO von Microsoft an alle Angestellten des Unternehmens wandte, beschrieb er sein Leitmotiv und seine Richtschnur im Leben. Außerdem machte er den allgemeinen Daseinszweck des Unternehmens deutlich. Auch ohne das Wort Ikigai zu benutzen, definierte er in seinem Schreiben im Grunde sein ganz persönliches Ikigai sowie das der Firma und all ihrer Angestellten.

Zunächst erläuterte er sein persönliches Ziel: »Ich glaube, wenn man nichts Neues lernt, hört man auf, interessante und nützliche Dinge zu tun. Deshalb ist das, was mich als Menschen definiert, neben meiner Familie meine Neugier und mein Hunger nach immer größerem Wissen.«

Anschließend beschrieb er das Ziel von Microsoft: »In Anlehnung an Oscar Wilde müssen wir an das Unmögliche glauben und das Unwahrscheinliche beseitigen. Hierfür müssen wir klare Ziele und ein Sendungsbewusstsein haben, um uns das Unmögliche vorstellen und es verwirklichen zu können.«

Am Ende seiner Mail wies er darauf hin, wie wichtig es sei, einen Zweck in dem zu erkennen, was man täglich macht: »Schließlich bin ich der tiefen Überzeugung, dass jeder von uns in seiner Arbeit einen Zweck und einen Sinn sehen muss. Wirklich Gutes entsteht, wenn man weiß, dass das, was man macht, nicht nur Arbeit ist, sondern etwas, womit sich das Leben anderer Menschen verbessern lässt.«

Dieser Absatz seiner ersten E-Mail, in dem Nadella betont, wie wichtig es sei, das Leben anderer Menschen zu verbessern, entspricht eindeutig dem vierten Kreis des Ikigai-Schemas »Was die Welt braucht«.

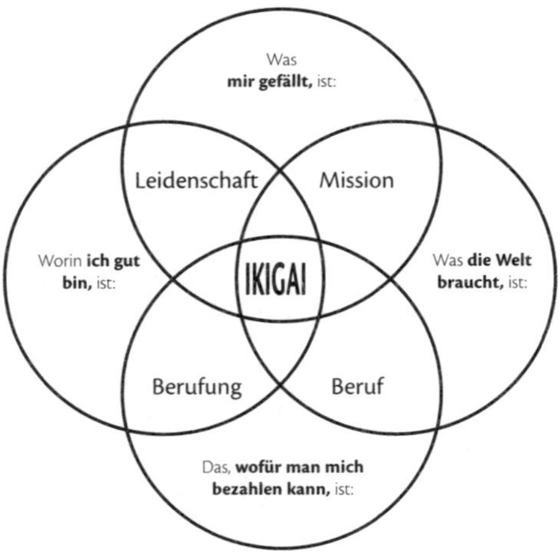

Die zwei unabdingbaren Voraussetzungen, um bei Microsoft eingestellt zu werden

Als Nadella die Firmenleitung übernahm, entwickelte er das, was man bei Microsoft später »Nadellas Notwendigkeiten« nannte. Dabei handelt es sich um zwei Voraussetzungen, die der CEO für die Auswahl von Bewerbern auf einen Job bei Microsoft für unverzichtbar hält, und zwar:

1. *Schafft diese Person Klarheit?*
   Das Schlimmste, was in einem Team passieren kann, ist, dass eines seiner Mitglieder, mag diese Person auch noch so intelligent und fähig sein, mit ihren Interventionen nur Verwirrung stiftet. Die besten Kandidaten sind immer jene, die dort, wo sie sich einbringen, zu mehr Klarheit beitragen.
2. *Erzeugt diese Person positive Energie?*
   Wir alle fühlen uns von Menschen angezogen, deren Anwesenheit unsere Energie steigert. Umgekehrt empfinden wir es als sehr unangenehm, mit Menschen zu arbeiten, die uns in eine Wolke aus negativer Energie hineinziehen. Bei allen wichtigen Projekten, an denen wir arbeiten, auch bei unseren eigenen, sind die besten Kandidaten jene, die unser Leben durch positive Energie bereichern.

Auch bei der Selbstanalyse oder wenn wir die Menschen analysieren, mit denen wir unser Leben teilen, können die beiden Nadella-Notwendigkeiten uns als sinnvoller Maßstab dienen. Wir brauchen uns nur folgende Fragen zu stellen: Schafft er/sie Klarheit? Erzeugt er/sie positive Energie?

Ajay Bhatt: Miterfinder des USB

Ajay Bhatt wurde in Indien geboren. Er siedelte in die Vereinigten Staaten über und begann dort 1990 für Intel zu arbeiten. In seinen mehr als fünfundzwanzig Arbeitsjahren für den Multi wurden über hundert seiner Erfindungen patentiert. Eine davon ist die USB-Verbindung, mit der inzwischen die meisten elektronischen Geräte weltweit arbeiten.

Faszinierend ist der banale Ursprung dieser heutzutage so umfassend genutzten Erfindung: Anfang der Neunzigerjahre wollte Bhatts Frau eines Tages die Schulaufgaben ihres Sohnes ausdrucken. Aber da sie für ihren neuen Computer kein Kabel mit dem passenden Stecker hatte, war dies nicht möglich. Angesichts ihrer Frustration dachte Bhatt darüber nach, dass es ja nicht nur seiner Frau so ging, sondern vielen Leuten. Alle Welt war frustriert wegen des unverständlichen Systems der Druckerkabelverbindungen.

Diese Erkenntnis war die Initialzündung, die Bhatts kreativen Geist aktivierte und ihn veranlasste, gemeinsam mit einem Mitarbeiterteam den USB – *Universal Serial Bus* – zu entwickeln. Ziel war es, ein einziges, universelles Kabel zu konzipieren, das von jedem Druckertyp verwendet werden konnte.

Das von Bhatts Team entwickelte Produkt gelangte 1996 auf den Markt und ist mit der Zeit zum Standardkabel geworden, nicht nur um Drucker anzuschließen, sondern praktisch sämtliche elektronischen Geräte. Bhatts Versuch, eine Lösung für ein Druckerproblem im eigenen Haushalt zu finden, führte somit zur Entstehung eines Kabeltyps, mit dem wir heute alle unsere Handys aufladen.

Weitere führende Inder in der Technologiebranche

Seit Ramanujan und seinem mathematischen Genie ist Indiens Einfluss auf den Feldern Mathematik und Technologie so groß, dass man ein ganzes Buch darüber schreiben könnte. 2007 wurde Shantanu Narayen CEO von Adobe, nachdem er zuvor viele Jahre bei Apple gearbeitet hatte. Ajay Banga war Geschäftsführer von Mastercard und wurde 2023 von Joe Biden als Weltbankchef nominiert. Und Rajeev Suri schließlich stand lange an der Spitze von Nokia und ist nun CEO des britischen Unternehmens Inmarsat, das eines der drei größten mobilen Satellitenkommunikationsnetze betreibt.

Zur Abrundung dieses Kapitels über Technologiegurus wollen wir noch folgende Persönlichkeiten nennen:

- **Arvind Krishna: CEO von IBM.** Krishna wurde in Indien geboren, studierte am Institute of Technology Kanpur und übersiedelte anschließend in die USA. 1990 erhielt er eine Stelle bei IBM. Nachdem er jahrelang bei IBM Research gearbeitet und dort eine ganze Reihe von Patenten entwickelt hatte, wurde er Senior-Vizepräsident und später CEO und Präsident der Firma.

- **Sundar Pinchai: CEO von Google und Alphabet.** Im südindischen Madurai geboren, emigrierte Pinchai in die USA, wo er an der Stanford University studierte. Nach seinem Studienabschluss arbeitete er zunächst als Werkstoffingenieur, bevor er 2004 bei Google begann. Nach nur elf Jahren wurde er 2015 zum CEO des Konzerns ernannt. Das *Time Magazine* hat ihn zweimal (2016 und 2020) zu einem der hundert einflussreichsten Menschen der Welt gewählt.

Jugaad

Die Personen, die in diesem Kapitel die Hauptrolle spielen, besitzen eine besondere Fähigkeit, Probleme zu lösen und dort, wo andere Menschen eine Mauer sehen, einen neuen Weg zu entdecken. Worin besteht ihr Geheimnis?

Die Antwort darauf könnte uns ein mysteriöses Wort geben. Während unserer Erkundungen, um den Geheimnissen der indischen Kultur auf die Spur zu kommen, fiel uns hin und wieder der Begriff *Jugaad* oder *Jugaar* auf. Dieses umgangssprachliche Hindi-Wort bezeichnet kreative Lösungen, zu denen man mit nur wenigen Mitteln gelangt, oftmals nur mit dem, was man gerade zur Hand hat.

Ein einfaches Beispiel: Wenn ein Tisch wackelt, gibt es dafür eine schnelle und banale vorläufige Lösung. Man schiebt ein Stück Pappe unter das kürzeste Tischbein.

Angesichts eines neu auftauchenden Problems und unserer Versuche, sämtliche Lösungsmöglichkeiten zu analysieren, sind wir manchmal wie gelähmt und unfähig, die nötigen Maßnahmen zu ergreifen. Dann passiert das, was man auch »Paralyse durch Analyse« oder »Entscheidungslähmung« nennt.

Um zu verhindern, dass es dazu kommt, sollte man sich möglichst eine rasche und einfache Übergangslösung zunutze machen. Diese Lösung namens Jugaad verleiht einem erst einmal genügend Mut und Zuversicht, um nach etwas Besserem zu suchen.

Hier einige Begriffe aus anderen Sprachen, die eine ähnliche Bedeutung haben wie Jugaad:

- Das englische *Hack*: Damit wird im technischen Bereich eine einfache kreative Lösung für ein kompliziertes Problem bezeichnet. Was wäre die einfachste Lösung für *dein* Problem?
- Das spanische *Chapuza*: Das Wort klingt zwar etwas abfällig, da es eigentlich »Pfusch« oder »Flickschusterei« bedeutet, aber durch eine optimistische Brille betrachtet, ermöglicht »guter Pfusch« den ersten Schritt aus der Lähmung, sodass nach einer definitiven Lösung gesucht werden kann.
- Das japanische *Urawaza*: Das Wort bedeutet »geheimer Trick« und wird in Kunst und Technik sowie im Alltag verwendet.

Wenn wir das indische Konzept des Jugaad mit dem japanischen *Kaizen* (stetige Verbesserung) kombinieren, das wir in *Finde dein Ikigai* genauer erläutert haben, können wir uns an jedes beliebige Problem heranwagen und es folgendermaßen lösen:

Wir wenden JUGAAD an, um das Problem vorübergehend zu lösen.

↓

Wir wenden KAIZEN an, um die vorübergehende Lösung nach und nach zu verbessern.

↓

Dauerhafte oder quasi dauerhafte Lösung, die wir nach Belieben weiterverbessern können.

Statt lange darüber nachzudenken, wie wir zu einem perfekten Ergebnis gelangen könnten, sollten wir uns der Jugaad-Philosophie bedienen, um so gut wie möglich mit den Tücken des Lebens fertigzuwerden. Dieses effiziente Mittel lässt sich dann einsetzen, wenn wir vor der folgenden Frage stehen: Welche schnelle Lösung ist hier und jetzt möglich?

Sobald wir eine Jugaad-Lösung oder einen einigermaßen funktionierenden Hack gefunden haben, werden wir uns selbstsicherer fühlen und unsere Suche fortsetzen können.

Die Jugaad-Philosophie erweist sich in vielen Lebensbereichen als hilfreich. Wenn wir zum Beispiel einen Song komponieren wollen, haben wir die Möglichkeit, mit einer einfachen Melodie zu beginnen, oder indem wir zunächst vier Akkorde zusammenstellen. Wollen wir einen Artikel oder einen Blogbeitrag verfassen, können wir erst einmal einen Rohentwurf aufsetzen. Bei einem neuen beruflichen Projekt bietet es sich an, zunächst eine oder zwei Ideen festzuhalten und auf dieser Basis das Vorhaben weiterzuentwickeln.

Wichtig ist einfach, dass wir aktiv werden und praktisch handeln. Schon Voltaire sagte: »Das Bessere ist der Feind des Guten.« Der japanische Psychotherapeut Shoma Morita hat diese Maxime folgendermaßen abgewandelt: »Sei der beste unperfekte Mensch, der du sein kannst.«

OM, DIE HEILIGE SILBE

Nach dieser Reise durch die Gegenwart, auf der die Zukunft aufbaut, wollen wir zur zeitlosen Weisheit Indiens zurückkehren. OM oder AUM, wie es bisweilen transkribiert wird, verkörpert den Klang des Universums und nimmt daher alles in sich auf. Vom Standpunkt der modernen Astrophysik aus steht es in Verbindung mit dem Urknall, der sich bis ins Unendliche ausdehnt und wieder verhallt.

Der göttliche Atem.

Gleichzeitig verweist uns der Klang auf unseren eigenen Atem, der uns mit dem Leben verbindet und der Worte, Liebe und Schwingungen hervorbringt, die wiederum Einfluss auf andere haben. Dem indischen Schriftsteller Amit Ray zufolge ist es nicht wichtig, wie lange wir leben oder wie viel Geld wir anhäufen oder ob wir berühmt sind oder nicht. Was bleibt, sind die positiven Schwingungen, die wir auf unserem Weg durch dieses Leben erzeugt haben.

Von der heiligen Silbe gibt es über hundert Übersetzungen; eine von ihnen lautet: »Willkommen im Göttlichen«.

Das gesamte Universum

OM, auch *Omkara* genannt (was sich auf die *Silbe* OM bezieht), ist im Hinduismus das Element, das den Gott und Schöpfer Brahma symbolisiert und die Quelle des Universums bildet. Es gilt in den »dharmischen Religionen« Hinduismus und Buddhismus als der machtvollste Klang überhaupt.

OM wird als das verstanden, was Körper und Geist vereint, als die Schwingung, die alle übrigen Klänge hervorbringt. Daher kann es keinen mystischen Klang ohne die Beteiligung dieser Silbe geben.

Die Kraft des OM ist so groß, dass, wie Amit Rays Frau Banani – eine Meditationsexpertin – erklärt, viele spirituelle Meister glauben, seine Schwingung tilge die menschlichen Fehler, reinige das Karma und mache so den Weg frei für die spirituelle Erlösung.

Der große Yogameister Paramahansa Yogananda versichert, dass Vergangenheit, Gegenwart und Zukunft sowie sämtliche Bewusstseinszustände in OM zusammenfließen und im Frieden der Stille enden.

In Indien singt man das OM dreimal hintereinander, um die weiter oben erwähnten drei Gottheiten anzurufen, die gemeinsam das Universum bilden: Brahma, Vishnu und Shiva. Die Vorstellung von einer Trinität oder Dreieinigkeit und der Existenz eines schöpferischen Klangs findet sich auch in anderen Religionen, in denen man zum Beispiel »Amen«, »Amin« oder »Hum« (ausgesprochen: »Hung«) sagt, um den eigenen Glauben an das Heilige zu bekräftigen: Christentum, Judentum und Buddhismus.

Om

DAS BELIEBTESTE TATTOO IST EIN KLANG

OM oder AUM wird grafisch als fünfteiliges Symbol dargestellt. Zwei Teile bilden eine »3«. Rechts davon schließt sich eine bogenförmige Linie an, die einem runden Haken gleicht. Oberhalb dieser kombinierten Figur liegt ein leicht geschwungener Strich und darüber ein Punkt.

Bei den Stars der Film- und Musikbranche ist das OM-Symbol eines der beliebtesten Tattoos. Indem man sich das OM in seiner ursprünglichen grafischen Form in die Haut stechen lässt, kann man an unterschiedliche Bewusstseinszustände appellieren:

- Der untere Bogen der 3 bedeutet *Wachzustand oder wacher Geist*; einer der Bewusstseinszustände, in dem unsere Sinne alles wahrnehmen.
- Der obere Bogen der 3 stellt ein *Zwischenstadium zwischen Wachzustand und Schlaf* dar; eine Phase, in welcher der Geist noch aktiv ist.
- Der halbkreisförmige Bogen bezieht sich auf den Geist im Schlafzustand und symbolisiert den dritten Bewusst-

seinszustand: den *Tiefschlaf* ohne geistige Wahrnehmung.

- Der Punkt stellt den vierten Bewusstseinszustand dar. Er symbolisiert *geistigen Frieden, Ruhe und Glück* und damit den Zustand, den man durch Meditation erreicht und in dem OM Stille und Abschalten bedeutet.
- Der horizontale, leicht gebogene Strich unter dem Punkt schließlich ist die *Unwissenheit*, die uns daran hindert, den Glückszustand des stillen OM zu erreichen. Er entspricht der durch unseren Geist erzeugten Anhaftung, dem Leiden, der Illusion beziehungsweise *Maya*.

Damit sich die Kraft des Königs aller Mantras entfalten kann, müssen alle drei Buchstaben richtig gesungen werden:

- A, die kosmische Kreativität, wird kurz gesungen; in der Meditation ist es der höchste Ton.
- U, das Gleichgewicht, ist ein länger anhaltender mittelhoher Ton.
- M, die Auflösung, trägt uns mit seinem tiefen Summen zum Anfang des universellen Kreislaufs zurück.

Beschützer des Geistes: die Mantras

Gemäß der Sanskrit-Etymologie setzt sich »Mantra« aus den Begriffen *Manas*, Geist, und *Tram*, Schutz, zusammen. Mantras, das heißt Gebete, die wiederholt gesprochen werden, um die Seele zu schützen, zu stärken und zur Erlösung zu führen, wirken wie Balsam.

Der Klang unserer Stimme beim Rezitieren eines Mantras regeneriert uns: »Es ist, als würde man Buddha oder einem Bodhisattwa persönlich begegnen«, versichern die tibetischen Mönche.

Wie ein Zaun ein Saatfeld vor dem Eindringen von Tieren schützt, schützt ein Mantra den Geist vor Versuchungen.

Wie wir im zweiten Teil dieses Buches sehen werden, sind Mantras sowohl im Hinduismus als auch im Buddhismus eng mit dem Glauben an das Göttliche oder mit der Suche nach dem Nirwana verbunden. Da Mantras nichtbegriffliche Gebete ohne logische Sinnzusammenhänge sind, das Denken also nicht beteiligt ist, sind sie eine reine Wohltat für den Geist.

OM ist die Keimsilbe des Mantras, der Samen, aus dem Gebet und Konzentration erwachsen. Der mystische Gesang ermöglicht einem, den Blick nach innen zu richten und sich zu konzentrieren. Gemäß den *Puranas*, den nach den Veden entstandenen heiligen hinduistischen Schriften, fasst OM im Grunde alle Erscheinungen des Schöpfungsakts zusammen, entspricht dem Klang des Universums, der allem Gestalt verleiht wie eine gebärende Mutter.

Beim Singen des OM führen der Klang und die ausströmende Luft dazu, dass Körper und Geist vibrieren.

Im Buddhismus wird das bekannteste aller Mantras bisweilen auf interessante Weise erweitert: OM MANI PADME HUM. Die sechs Silben beziehen sich auf den Bodhisattwa des Mitgefühls, der im Sanskrit Avalokiteshvara und auf Tibetisch Chenrezig heißt. Dieses Mantra – mit dem das »Juwel im Lotos« gewürdigt wird – drückt das

Gefühl der Läuterung aus, das man nach dem Durchqueren der sechs buddhistischen Daseinsbereiche verspürt. Denn das Glück (OM) vernichtet den Stolz, die Geduld (MA) befreit von Eifersucht, die Disziplin (NI) besänftigt die Leidenschaften, die Weisheit (PAD) überwindet die Dummheit, die Großzügigkeit (ME) tilgt die Besitzgier, und die Sorgfalt (HUM) beseitigt Aggression und Hass.

DAS MANTRA DER JEDI

Star-Wars-Fans kennen möglicherweise das geheime Mantra, das George Lucas, der Erfinder des Star-Wars-Universums und ein Anhänger des Buddhismus, sich für seine Saga ausgedacht hat. Es taucht in den Meditationen der Jedi auf und ist abgeleitet von dem Mantra OM MANI PADME HUM, um das es soeben ging. Lucas wollte, dass das Mantra der Jedi sich auf den Lotos des Mitgefühls und den Reines-Land-Buddhismus bezieht.

Indem sie das Mantra singen, beschwören die Herren der Galaxie die Vorstellung von einem rechtschaffenen Leben, wie es der edle achtfache Pfad der Buddhisten verlangt. Daher entfernt sich Anakin Skywalker, als er aus Angst vor dem Tod seine Reinheit und sein Mitgefühl verliert, vom rechten Weg und wird zu Darth Vader.

Viele begeisterte Anhänger dieser Filme haben sich mit Meditationstechniken befasst, inspiriert von den Lehren und Gedanken, die Star-Wars-Figuren wie Luke Skywalker und vor allem Yoda verkörpern. Letzterer leitet die Jedi auf ihrem Weg zur Befreiung von Angst, Zorn und unkontrollierten Begierden, damit sie inneren Frieden finden.

Die Jedi-Kirche (www.jedichurch.org) zählt heute zahlreiche Anhänger in der ganzen Welt.

Das Glück des Meditierens

Auf Festivals kann man miterleben, dass manche Menschen fähig sind, das OM über Stunden zu singen. Derartige Praktiken haben allerdings nichts mit der durch das Singen der heiligen Silbe ausgelösten wahren Introspektion zu tun. Denn der regenerierende und schöpferische Klang ist kein Heilmittel, sondern ein Mittel, um den höchsten Bewusstseinszustand zu erreichen.

Gleichwohl hat die Wissenschaft untersucht, welche Auswirkungen diese stimmliche Äußerung auf das Gehirn hat. Eine Pilotstudie zu Erfahrungen beim OM-Singen oder -Chanten hat ergeben, dass die Vibration der Stimme eine Deaktivierung des limbischen Systems im Gehirn bewirkt, was vor allem zur Entspannung der Amygdala- und Hippocampus-Bereiche führt. Fehlfunktionen dieser Bereiche sind verantwortlich für Depressionen und Angstzustände infolge von Stress und anderen Dingen.

Somit ist eine Meditation, bei der das OM gesungen wird, ein geeignetes Mittel zur Regulierung des Nervensystems.

Die heilende Wirkung des Klangs

In Asien ist OM nicht der einzige heilsame Klang. Seit Jahrtausenden arbeitet die östliche Medizin auch mit der »Stimme« der Klangschalen. Manche sind aus einer Legierung von sieben verschiedenen Metallen hergestellt, die den Himmelskörpern zugeordnet werden (Blei – Saturn, Gold – Sonne, Silber – Mond, Kupfer – Venus, Eisen – Mars, Quecksilber – Merkur und Zinn – Jupiter); so vibrieren sie in der Tonhöhe des Mantras und ermöglichen eine bessere Konzentration.

Die traditionelle chinesische Medizin empfiehlt zudem die Qigong-Übung der sechs heilenden Laute. Man nimmt an, dass das Tönen der Silben *XU*, *HE*, *HU*, *SI*, *CHUI* und *XI* Vibrationen verursachen, die auf bestimmte Körperorgane und damit verbundene Gefühle einwirken und so ein energetisches Gleichgewicht wiederherzustellen vermögen.

Nachdem wir die Wohltaten des Mantras OM MANI PADME HUM beschrieben haben, wollen wir dieses Kapitel schließen, indem wir auch noch auf die Wohltaten des Yoga hinweisen, mit dem wir uns im praktischen Teil dieses Buches noch befassen werden. Viele Menschen, die Yoga praktizieren, versichern, dass der Laut OM

- Toxine aus unserem Organismus entfernt, für hormonelles Gleichgewicht sorgt und das Immunsystem stärkt;
- Emotionen abzuschwächen vermag, weil er einem hilft, sich geistig zu fokussieren und Stress abzubauen;

- den Stimmbändern guttut, die Atmung verbessert und stärkt;
- das Wohlbefinden steigert.

Der hinduistischen Tradition zufolge ist die Wirkung der Wohltaten des OM am stärksten, wenn man die heilige Silbe hundertacht Mal tönt. Andere Schulen vertreten dagegen die Ansicht, um Entspannung zu verspüren, genüge es, wenn man sie zwischen zehn- und zwanzigmal wiederholt.

Mitunter kann auch ein einziges OM, im richtigen Moment artikuliert, einem die verlorene Gelassenheit zurückgeben.

2. DIE PHILOSOPHIE DES GLÜCKS

Die indischen Wege zur Selbstverwirklichung

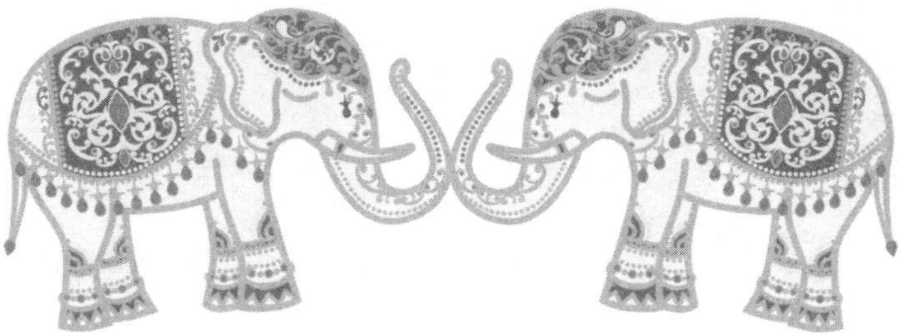

DIE MACHT DER SELBSTERFORSCHUNG

Im Jahr 1948 prägte der deutsche Philosoph Karl Jaspers den Begriff der »Achsenzeit«. So nannte er eine Phase der Menschheitsgeschichte, in der herausragende Denker ohne Kontakt zueinander ähnliche Ideen entwickelten und zu ähnlichen Schlussfolgerungen gelangten.

Während die griechische Philosophie ihr goldenes Zeitalter erlebte, tauchten in China Denker wie Laozi und Konfuzius auf, in Indien Buddha und andere spirituelle Leitfiguren. Vergleicht man ihre Aussagen miteinander, so entdeckt man erstaunliche Übereinstimmungen.

In seinem Buch *Vom Ursprung und Ziel der Geschichte* weist Jaspers darauf hin, dass die Philosophen der Achsenzeit sich vor allem mit zwei Themenbereichen befassten: mit der Ethik des Gemeinwohls und der Selbsterkenntnis.

Die Historikerin Karen Armstrong behandelt diese faszinierende Parallele in ihrem Buch *Die Achsenzeit – Vom Ursprung der Weltreligionen*, in dem sie behauptet, der

Mensch sei nie über die Weisheit der damaligen Lehrer aus Griechenland, China und Indien hinausgelangt. Darauf könnte auch die Tatsache hindeuten, dass wir sie noch in heutiger Zeit studieren.

Armstrong beschreibt in ihrem Buch einige Eigenschaften, die den großen Denkern der Achsenzeit gemeinsam sind:

- Statt bestehende Überzeugungen zu übernehmen, beginnen diese Philosophen, alles infrage zu stellen.
- Statt auf die Wiederholung von Ritualen setzen sie auf Nachdenken. Glauben wird durch Forschung abgelöst.
- Sie zeigen sich in der Öffentlichkeit und wagen es, zu den verschiedensten Dingen eine abweichende Meinung zu vertreten.

Die Autorin weist darauf hin, dass die meisten dieser Lehrmeister in Krisenzeiten auftauchten oder in Zeiten eines tiefgreifenden gesellschaftlichen Wandels, wie wir dies auch heute erleben. Sie gelangten zu dem Schluss, dass die Menschheit sich nur durch größere Selbsterkenntnis und indem sie ihre Aufmerksamkeit auf das Gemeinwohl richtet, selbst retten kann; schon allein deshalb, weil wir alle im selben Boot sitzen.

Die Etappe null

So wie es in Spanien den *Camino de Santiago* gibt, den Jakobsweg, der durch den Norden des Landes führt und im galizischen Santiago de Compostela endet, so gibt es in Japan seit Jahrhunderten den *Kumano Kodo*, einen Wanderweg, an dem zahlreiche Tempel liegen, welche die Pilger aufsuchen (und dann auch ihren Stempel bekommen).

Vor Antritt der Wanderschaft, während man sich noch auf die verschiedenen Etappen und die täglich zu bewältigenden Kilometer vorbereitet, muss man unbedingt seine Kräfte und seine Grenzen richtig einschätzen. Bei einer sportlichen Person, die längere Anstrengungen gewohnt ist, werden die Etappen zwangsläufig anders aussehen als bei einem untrainierten Stadtmenschen.

Der Erfolg der Pilgerreise hängt also davon ab, wie gut der Wanderer sich selbst kennt. Im Grunde gilt dies für jede Suche, die wir im Leben unternehmen, auch für die Suche nach dem eigenen Glück.

Seit dem Erscheinen von *Ikigai* im Jahr 2016 waren wir in vielen verschiedenen Ländern, haben dort zahlreiche Interviews gegeben, Lesungen bestritten und Vorträge gehalten. Häufig tauchte seitens des Publikums folgende Frage auf: Wo soll man anfangen, wenn man nicht weiß, welches Ziel man im Leben hat?

Bevor wir daraufhin die drei verschiedenen Arten, das eigene Ikigai zu finden, erläuterten, haben wir stets auf die erwähnte Grundvoraussetzung verwiesen: Man muss sich selbst kennen. Wenn man nicht weiß, wer man ist, wird es einem auch nichts nützen, sich willkürlich ein Ziel zu setzen; denn dieses ist eng verknüpft mit den Werten und Prioritäten, die man im Leben hat. Also muss man dort beginnen.

DER SCHATZ DER SCHÄTZE

Die Inschrift, die, wie Pausanias im zweiten Jahrhundert berichtete, in goldenen Lettern am Eingang des Apollotempels von Delphi stand, den zahllose Pilger aufsuchten, um etwas über ihr Schicksal zu erfahren, ist weltberühmt: ERKENNE DICH SELBST.

Weniger bekannt ist die längere Inschrift, auf welche die Besucher am Tempelfels der Sybille stießen, jener Frau, die von klein auf gelernt hatte, das Orakel zu lesen:

> Hört auf diese Worte, ihr, die ihr die Tiefen der Natur erforschen wollt: Wenn ihr das, was ihr sucht, nicht in euch selbst findet, werdet ihr es auch nicht außerhalb finden. Wenn du die Wunder deines Hauses ignorierst, wie willst du dann andere Wunder finden? In dir verbirgt sich der Schatz der Schätze. Mensch, erkenne dich selbst, und du wirst das Universum und die Götter kennen.

Die Frage

Hier, im zweiten Teil unseres Buches, werden wir mehrmals auf Ramana Maharshi zu sprechen kommen. Dieser Lehrmeister fungierte als Scharnier zwischen Vergangenheit und Gegenwart der *Advaita*-Bewegung, einer spirituellen Richtung, die wir weiter unten darstellen werden.

Einstweilen soll es genügen zu wissen, dass Maharshi 1879 in einem kleinen Dorf im Süden Indiens geboren wurde und sein Vater starb, als er zwölf Jahre alt war, woraufhin er zu seinem Onkel in die Stadt Madurai geschickt wurde.

Maharshi wurde zu einem in ganz Indien und auch im Westen verehrten Guru. Von überallher kamen Tausende von Menschen in seinen Aschram auf der Suche nach spirituellem Erwachen. Allen empfahl er, sich in *Atma Vichara* zu üben, was mit »Erforschung des Ichs« übersetzt werden kann.

Hierfür braucht man nur ein Gespräch mit sich selbst zu führen, das mit der Frage beginnt: *Wer bin ich?* Auf den ersten Blick scheint dies eine einfache Frage zu sein, dennoch ist sie schwer zu beantworten. Daher empfiehlt uns Ramana Maharshi, uns die Frage immer wieder zu stellen, bis wir auf den Grund unseres Wesens stoßen.

Wir, die Autoren dieses Buches, simulieren hier für dich beispielhaft ein solches Gespräch. Nehmen wir an, wir befänden uns in Gegenwart des großen Meisters und dieser würde sich unsere Antworten auf die Frage »Wer bin ich?« anhören und sie kommentieren.

H: »Ich bin Héctor.«
F: »Ich bin Francesc.«
RM: »Nein, das sind nur eure Namen. Wer seid ihr?«
F: »Ich bin Germanist, arbeite aber als Schriftsteller und halte Vorträge.«
H: »Ich bin Informatiker und verbinde diesen Beruf mit meiner Passion, dem Schreiben.«
RM: »Ihr habt meine Frage nicht beantwortet! Das sind eure Ausbildung, euer Beruf, eure Arbeit … Ihr müsst etwas viel Wichtigeres, etwas Wesentliches beantworten. Fragt euch noch einmal: Wer bin ich?«

An diesem Punkt der Selbsterforschung beginnt die wahre Herausforderung. Wenn der, *der ich bin*, weder mit meinem Namen oder mit der Familie, in der ich geboren wurde, noch mit meiner Ausbildung, meinen Neigungen, meiner Arbeit oder meinem Besitz zu tun hat, *wer bin ich dann*?

Bei der Suche nach einer Antwort kann uns ein hinduistischer Ausspruch helfen: »Du besitzt nur das, was du bei einem Schiffbruch nicht verlieren kannst.« Was wäre also das, was du bei einem Schiffbruch nicht verlieren kannst?

Uns fallen darauf einige Antworten ein, aber wir möchten dich nicht beeinflussen. Gehe für einen Moment in dich und stelle dir die Fragen, die dein Leben verändern könnten.

DIE VIER LOSLÖSUNGEN

Es heißt, dass viele Japaner in ihrem Leben drei verschiedene Religionen durchlaufen. Geboren werden sie als Schintoisten, als Mitglieder der traditionellen Glaubensgemeinschaft des Landes. Dann heiraten sie als Christen, vielleicht weil sie ihre Hochzeit so feiern wollen, wie sie es in Hollywoodfilmen gesehen haben. Und schließlich sterben sie als Buddhisten, indem sie Loslösung praktizieren.

Mit diesem buddhistischen Konzept wollen wir uns hier ein wenig befassen.

Wenn wir davon ausgehen, dass Freude unser Naturzustand ist, was wir am Lächeln eines Babys gut sehen können, so gelangen wir nur zurück zur Freude, indem wir uns von allem trennen, was diese Freude erstickt. Wie beim Schälen einer Zwiebel, der wir Schicht für Schicht die einzelnen Häute abziehen, kommen wir jedes Mal, wenn wir uns von einer Anhaftung lösen, dem Kern des Glücks näher.

Sich vom Materiellen lösen: Buddha »on the road«

Da das vorliegende Buch ein Lebensratgeber ist, werden wir uns hier nicht näher mit dem Leben Buddhas befassen, dem bereits etliche Werke gewidmet wurden. Im Rahmen dieses Kapitels genügt es, daran zu erinnern, dass die spirituelle Lehrzeit des Prinzen Siddhartha Gautama, der später zu Buddha wurde, begann, als er auf alle Annehmlichkeiten des Palasts verzichtete, in dem sein Vater ihn vor den Unbilden der äußeren Welt beschützt hatte, und als Asket auf Wanderschaft ging.

Der Tausch von Sicherheit gegen Abenteuer, der Wechsel vom Festen zum Fluiden ist allen Wahrheitssuchern gemeinsam.

Was den in Lumbini, heute ein Teil Nepals, geborenen jungen Mann antrieb, war im Grunde nichts anderes als das, was die Protagonisten des spirituellen Klassikers *On the Road* dazu veranlasste, durch die Vereinigten Staaten und Mexiko zu ziehen, um Erfahrungen zu sammeln und Weisheit zu erlangen. Jack Kerouacs Buch erzählt in Romanform von den Reisen einer Gruppe von Bohemiens – von denen viele aus gutem Hause stammten –, die zwischen 1947 und 1950 die Geheimnisse der Existenz entdecken wollten, so wie Siddhartha einst nach Antworten suchte, um sich vom Leiden zu befreien.

KEROUACS ROLLE

Was heute als Auslöser und Meisterwerk der sogenannten Beatgeneration gilt, entstand innerhalb von knapp drei Wochen in der Manhattaner Wohnung, in der Kerouac damals mit seiner zweiten Ehefrau lebte.

Statt auf einzelne Blätter tippte der Schriftsteller seinen Text auf eine dicke Papierrolle, ohne Ränder oder Absätze. »Die Rolle«, wie sie genannt wird, gehört heute James Irsay, dem Besitzer des American-Football-Clubs Indianapolis Colts.

Die einzige Droge, die Kerouac konsumierte, während er aus seiner Initiationsreise einen Roman machte, war Kaffee. Angeblich begann er, den Text auf Französisch zu schreiben, in der Sprache seiner Eltern, die aus Quebec stammten, wechselte dann aber über zum Englischen, um sein legendäres *On the Road* zu schaffen.

Wenn wir auf unserer Suche vorankommen wollen, müssen wir uns wie die Sadhus, jene Pilger, denen wir eines der ersten Kapitel gewidmet haben, von der Bindung an das Materielle lösen. Das bedeutet nicht unbedingt, dass wir ein Leben in Armut führen müssen wie Siddhartha, der nach Verlassen des väterlichen Palasts halb nackt und unterernährt umherzog. Es bedeutet vielmehr, dass wir uns nicht von materiellem Besitz daran hindern lassen dürfen, glücklich zu sein.

Zur Veranschaulichung dieser Art der Anhaftung bietet sich das Beispiel eines neuen Autos an. Jemand verliebt sich in ein brandneues Modell, das er in der Fernsehwerbung oder in Zeitschriften gesehen hat. Es ist ein teures Fahrzeug, weshalb er zögert und lange rechnet, bevor er sich entschließt, den Wagen mithilfe eines Kredits zu kaufen, den er im Lauf von vier Jahren mitsamt den entsprechenden Zusatzkosten zurückzahlen wird.

Am Tag, an dem er am Steuer seines funkelnagelneuen Wagens den Autohändler verlässt, ist er ganz euphorisch. Doch das bleibt nicht lange so. Schon wenige Tage später, nach einigen Fahrten durch die Stadt, entdeckt er einen Kratzer, der sich über die ganze Fahrertür zieht. Vielleicht hat jemand absichtlich den Lack zerkratzt, vielleicht ist es aus Versehen passiert, jedenfalls ist der Wagen nun nicht mehr neu und makellos. Eine dunkle Wolke verdüstert die Stimmung des Besitzers.

Ein paar Monate später hat das Auto bereits einige kleine Beulen; das Ergebnis von »Reibereien« mit dem Leben. Wollte der Besitzer den Wagen jetzt verkaufen, würde er nur noch die Hälfte dafür bekommen, selbst bei intakter Karosserie. Der Wagen ist nicht mehr neu und verliert Tag für Tag an Wert; obwohl in den nächsten Jahren weiterhin der Kredit abbezahlt werden muss.

Das strahlende Licht, das das Herz des Fahrers erwärmte, als er den Autohändler verließ, ist erloschen; jetzt ist er traurig und fühlt sich betrogen.

Das ist Anhaftung.

Eine der Schlüsselerkenntnisse, zu denen Siddharta/Buddha gelangte, als er sieben Tage und sieben Nächte unter einem Feigenbaum saß, ist die, dass die Suche nach dauerhafter Befriedigung durch etwas, was eben *nicht* von Dauer ist, geradewegs ins Unglück führt.

Hätte der Autobesitzer sich von seinen Ersparnissen eine zwanzig Jahre alte Karre gekauft, hätte es ihm nicht so viel ausgemacht, wenn der Wagen Kratzer und Beulen abbekommen hätte. Und erst recht hätten sich die Protagonisten von *On the Road* nicht an Kratzern und Beulen gestört, wenn sie von einem Lastwagen in den nächsten hüpften. Sie besaßen nichts anderes als ihre Reiselust.

Bedeutet das, man ist umso glücklicher, je weniger Materielles man besitzt?

Das wäre eine zu simple Annahme. Aber wir alle kennen unterschiedliche Versionen des Spruchs »Nicht der ist am reichsten, der am meisten besitzt, sondern der, der am wenigsten braucht«. Falls wir glauben, materielle Dinge würden uns anhaltend glücklich machen, obwohl das Gefühl von Glück nur aus unserem Inneren, aus unseren immateriellen Quellen kommen kann, begehen wir einen großen Denkfehler.

Der gegenwärtige Minimalismus-Boom – »weniger ist mehr« – wurzelt in dieser Erkenntnis. Lieber nur drei Pullover besitzen, in denen wir uns wohlfühlen und die wir uns Hunderte Male anziehen können, als ein ganzes Regal voller Kleidungsstücke, die nur einstauben. Lieber einen einzigen guten Freund haben, als sich das Gerede von hundert Bekannten anzuhören.

Wenn man alles Nötige hat, um in Frieden zu leben, wozu sich dann mit mehr belasten.

DIE MINIMALISTEN

2015 lief bei Netflix der Film *Minimalismus: Der neue Leicht-Sinn*, eine Dokumentation über zwei junge Männer, Ryan Nicodemus und Joshua Fields Millburn, die die Website www.theminimalists.com betreiben.

Die beiden Kindheitsfreunde hatten sich vom Fieber des Geldverdienens anstecken lassen und arbeiteten von früh bis spät, um es bis zu einem sechsstelligen Gehalt zu bringen. Das Ergebnis waren schließlich krank machender Stress, Angst und ein Berg von Dingen, die sie gar nicht brauchten. Ryan beschreibt es so: »Ich habe mein Leben mit Zeug vollgestopft.«

Joshua war der Erste, der mit diesem Lebensstil Schluss machte. Nachdem er seine Arbeit aufgegeben hatte, die ihn gesundheitlich ruinierte, hörte er auch auf, wahllos zu konsumieren, und fand wieder Freude am Leben. Er spürte, dass er nun leichteren Schrittes weiterlaufen konnte, wie ein Wanderer, der einen mit Steinen gefüllten Rucksack abgesetzt hat.

Sich von Zuneigungen lösen: wenn Liebe wehtut

Wenn die Sehnsucht nach Dauerhaftem in dem, was im Grunde unbeständig ist, uns unglücklich macht, sollten wir uns nicht darüber wundern, dass falsch eingeschätzte persönliche Beziehungen mitunter so schwer wiegen wie ein Rucksack voller Steine.

Es heißt, wer fünfzig Freunde hat, hat fünfzigfaches Kopfzerbrechen. Der starke Wunsch, zu sammeln und zu bewahren, beschränkt sich nämlich nicht auf Materielles, sondern zeigt sich auch im Bereich der Gefühle. So wie Dinge altern, zerbrechen oder uns irgendwann nicht mehr interessieren, wandeln sich mit der Zeit auch Beziehungen. Der witzige Freund, mit dem wir so vieles gemeinsam hatten, hat sich plötzlich »verändert« – was uns wie Betrug vorkommen mag – und geht uns auf die Nerven, weil er nie Zeit für uns hat und sich, wenn es dann doch mal mit einem Treffen klappt, nur beklagt und beschwert. Der Mensch, der uns körperlich so stark angezogen hat, langweilt uns inzwischen, und unsere Blicke wandern zu Fremden.

Das bedeutet nicht, dass Beziehungen sich immer unbedingt verschlechtern müssen. Im Gegenteil, wenn wir aus einer Haltung der Gelassenheit heraus lieben und den anderen in jedem Moment so akzeptieren, wie er ist, können wir das Abenteuer des Lebens durchaus miteinander teilen.

Schon Heraklit, einer der frühen griechischen Philosophen, hat gesagt, die einzige Konstante im Universum sei die Veränderung. Zu hoffen, der oder die andere werde immer gleich bleiben, ist nicht nur vergebliches Wunschdenken, sondern bedeutet auch, dass man die dem Leben eigene Dynamik nicht begreift.

Im Übrigen sind Erwartungen in Beziehungen eine der Hauptursachen für Kummer. Ab dem Moment, in dem wir erwarten, dass der oder die andere auf bestimmte Weise reagiert oder mit uns einer Meinung ist, säen wir die Saat des Leidens.

Du schreibst einem Freund eine Nachricht, und dieser antwortet nicht so schnell oder nicht so, wie du es gern hättest. Du ärgerst dich und denkst Dinge wie: »Ich an seiner Stelle hätte …«

In Paarbeziehungen führt die Erwartung, der andere möge sich ändern und so werden, wie wir es uns wünschen, immer wieder zu Streit und Vorwürfen und damit geradewegs zur Unzufriedenheit.

Wenn mein Partner oder meine Partnerin sich entgegen meinen Wünschen verändert, leide ich.

Wenn mein Partner oder meine Partnerin sich nicht so ändert, wie ich es mir wünsche, leide ich.

In beiden Fällen kann man in Streitgesprächen dem anderen die Schuld am eigenen Unglück geben, obwohl das Problem bei einem selbst liegt und Anhaftung heißt. Fritz Perls, Mitbegründer der Gestalttherapie, hat uns eine Art Gebet hinterlassen, das uns helfen soll, uns aus dieser schmerzlichen Falle zu befreien. Es lautet so:

> Ich mache mein Ding, und du machst dein Ding.
> Ich bin nicht auf dieser Welt, um deinen Erwartungen gerecht zu werden.
> Und du bist nicht auf dieser Welt, um meinen gerecht zu werden.
> Du bist du, und ich bin ich.
> Und wenn wir bei Gelegenheit zueinanderfinden, ist das wunderbar.
> Wenn nicht, kann man es nicht ändern.

Sich vom Wissen lösen

Neben der Anhaftung an Dinge und Beziehungen gibt es eine dritte Anhaftung, die ebenso großes Leid verursacht wie die vorgenannt. Sie entsteht aus dem Bedürfnis, mehr zu wissen oder Dinge besser zu wissen als andere; aus dem Bedürfnis, recht zu haben. Auch das Festhalten an vorgefassten Meinungen, das Beharren auf dem eigenen Wissen führt immer wieder zu Auseinandersetzungen mit anderen.

Im Alltag erleben wir häufig Konfrontationen, die eine Folge dieser dritten Anhaftung sind. Zwei Beispiele:

- Diskussionen über Politik oder Religion, in denen jeder verbissen an seiner »Wahrheit« festhält, ohne zu merken, dass es sich dabei lediglich um eine Meinung handelt.
- Ärger über das, was um uns herum geschieht, weil es sich nicht mit unseren festen Vorstellungen, wie die Dinge sein sollten, vereinbaren lässt.

Je unflexibler wir in unseren Einstellungen sind, umso häufiger werden wir unglücklich sein; denn die Fälle, in denen die Realität nicht unserer vorgefassten Meinung entspricht, werden zunehmen.

Unsere fixen Ideen abzulegen und einzusehen, dass es besser ist, in Frieden zu leben, als recht zu haben, ist die dritte Loslösung, die uns einem gelassenen Leben näherbringen kann.

ZUM ÜBERQUEREN, NICHT ZUM AUFBEWAHREN

»O ihr Mönche! Ich werde euch das Dharma zeigen, damit ihr mit ihm ans andere Ufer gelangt, nicht damit ihr es aufbewahrt. Hört zu, seid achtsam, ich werde reden.«

»Ja, o Herr!«, sagten die Mönche.

»O ihr Mönche! Wenn ein Mann, der des Weges kommt, auf eine große Wasserfläche trifft und sieht, dass das Ufer, an dem er entlangläuft, gefährlich und voller Schrecken ist, das andere Ufer dagegen sicher und frei von Schrecken, dass es aber kein Boot und keine Brücke gibt, um von diesem zum anderen Ufer zu gelangen, könnte dieser Mann denken: ›Dies ist eine große Wasserfläche, dieses Ufer ist gefährlich und voller Schrecken, das andere Ufer dagegen sicher und frei von Schrecken, aber es gibt kein Boot und keine Brücke, um hinüberzugelangen. Wenn ich nun Äste, Zweige, Gräser und Blätter sammle und ein Floß baue, mich auf dieses Floß setze und mit Händen und Füßen kräftig rudere, könnte ich dann nicht heil ans andere Ufer gelangen?‹ Dann, ihr Mönche, könnte dieser Mann, nachdem er Äste, Zweige, Gräser und Blätter gesammelt und ein Floß gebaut hat, sich auf dieses Floß setzen und mit Händen und Füßen kräftig rudernd heil ans andere Ufer gelangen. Nachdem er das Wasser überquert hätte und am anderen Ufer angelangt wäre, könnte er denken: ›Dieses Floß war mir in der Tat sehr nützlich. Weil ich es benutzt habe und mit Händen und Füßen kräftig gerudert bin, bin ich heil ans andere Ufer gelangt. Wäre es nicht gut, wenn ich mir das Floß auf Kopf und Schultern laden und so meinen Weg wie gewünscht fortsetzen würde?‹ Was denkt ihr darüber, ihr Mönche? Tut dieser Mann mit dem Floß das Richtige?«

»Nein, Herr!«

»Wie sollte dieser Mann also handeln, ihr Mönche, um mit dem Floß das Richtige zu tun? Der Mann, der das Wasser überquert und das andere Ufer erreicht hat, könnte auch denken: ›Dieses Floß war mir sehr nützlich. Indem ich mich daraufgesetzt habe und mit Händen und Füßen gerudert bin, konnte ich heil ans andere Ufer gelangen. Ich könnte jetzt, nachdem ich das Floß auf festem Boden abgesetzt oder im Wasser habe forttreiben lassen, meinen Weg wie gewünscht fortsetzen.‹ Täte er dies, ihr Mönche, täte der Mann mit dem Floß genau das Richtige. Und genau das, ihr Mönche, solltet ihr mit dem Dharma tun, das ich euch gelehrt habe; damit ihr ans andere Ufer gelangt, und nicht, damit ihr es aufbewahrt.«

Buddha – Majjhima Nikaya 22

Sich vom Ego lösen

Das Ego ist wie eine Festung, die es zu verteidigen gilt. Ist es klein, hat es nur wenige Flanken, die Angriffsflächen bieten. Ist es groß und weit, müssen wir an jedem Tor Wache stehen. Eine anstrengende Aufgabe.

Die Notwendigkeit, »jemand« zu sein, der sich von anderen abhebt und von ihnen anerkannt wird, ist die vierte Anhaftung, die Schmerz und Leid verursacht. Da auch andere Menschen ein Ego haben und diese Festung ebenfalls verteidigen, mangelt es nicht an Gelegenheiten, in denen wir uns von ihnen unterschätzt, angefeindet oder diskreditiert fühlen.

Dieser Auslöser von Schmerz und Missverständnissen hat seine Ursache in der Illusion, wir seien ein von der Welt getrenntes Wesen. Dabei sollten wir einsehen, dass wir Menschen im Grunde alle dieselben Bedürfnisse haben: das Bedürfnis nach Nahrung und Unterkunft, danach, geliebt und respektiert zu werden und zu spüren, dass unsere Existenz in dieser Welt wichtig ist.

Es gibt einen berühmten Dialog, der eines Tages zwischen einem Pilger und Ramana Maharshi stattfand, dem Guru, den wir im Kapitel über Selbsterforschung kennengelernt haben.

Der Pilger fragte den Guru: »Wie sollten wir die anderen behandeln?«

»Die anderen gibt es nicht«, antwortete Maharshi.

Damit wollte er sagen, dass wir im Grunde alle eins sind. Diesen Gedanken werden wir im nächsten Kapitel vertiefen.

ADVAITA: DIE NICHT-DUALITÄT

Advaita wird meist mit Nicht-Dualität oder Nicht-Zweiheit übersetzt. *Vedanta* bedeutet so viel wie Ende des Wissens oder der Kenntnis. Bezeichnend für die hinduistische Strömung des Advaita Vedanta ist demnach, dass keine Trennung besteht zwischen Atman, der Seele, und *Brahman*, dem Göttlichen. Dabei wird das Prinzip der Realität selbst infrage gestellt, so wie in *Matrix* bei der Analyse der drei Bewusstseinszustände Wachsein, Schlaf und Tiefschlaf.

Wenn wir von der Annahme ausgehen, dass wir uns im Traum in einer eingebildeten Welt befinden, woher sollen wir dann wissen, dass das, was wir im Wachzustand erleben, nicht auch ein Traum ist?

Vom Schleier der Maya zum Yugen

»Nothing is real«, singen die Beatles in ihrem Song »Strawberry Fields Forever«, eine Vorstellung, die sich mit der des Advaita deckt. Und sogar Platon hat schon vor mehr als zweitausend Jahren mit seinem Höhlengleichnis angedeutet, dass das, was wir sehen, nur die Schatten einer höheren Wahrheit sind.

Unter dieser Voraussetzung wären die materiellen Dinge, die Menschen, das gesamte Universum nur Trugbilder, wenn wir sie als etwas Getrenntes betrachten. Es existiert einzig und allein ein *Ganzes*, von dem wir ein Teil sind. So betrachtet, verliert das Ego seine Bedeutung.

Maya ist der Sanskrit-Begriff für Illusion – wörtlich übersetzt, »das, was nicht ist« –, also für die Täuschung, die der menschliche Geist erzeugt, der sich in *Avidya* befindet, was übersetzt Nichtwissen oder Unwissenheit bedeutet. Unter dem Joch von Illusion und Unwissenheit löst sich der Geist vom Ganzen und identifiziert sich mit dem Ich und dem Körper. Daher erscheint ihm die Wirklichkeit als Dualität, als etwas von Gott Getrenntes.

Wenn der Mensch sich durch Selbstverwirklichung von der Unwissenheit befreit, lebt er im Zustand von Moksha, der Befreiung oder Erlösung, was auch bedeutet, dass er frei ist von Wünschen und Bestrebungen. Ihm wird bewusst, dass er *weder dies noch das* ist, sondern reines Sein, reines Bewusstsein, reine Liebe. Auf diese Art und Weise lässt er die leidvolle Dualität hinter sich und erreicht grenzenlose Freiheit. Das Ego ist dann nicht mehr vorhanden, um zu erleben und zu spalten.

Dies ist der Augenblick des Erwachens.

Zur Nicht-Dualität kann man durch Reflexion, religiöse oder meditative Praxis oder durch den Kontakt mit der Natur gelangen. Für Letzteren haben die Japaner den Begriff *Yugen* (幽玄), mit dem wir uns in unserem Buch über

Shinrin-Yoku befasst und den wir folgendermaßen erklärt haben:

Das erste Kanji 幽 bedeutet »tiefe, ferne Dunkelheit«, das zweite Schriftzeichen 玄 »geheimnisvoll oder verborgen«. Beide Zeichen zusammengenommen kann man übersetzen mit »die geheimnisvollen Momente, in denen unsere Gefühle bei der Betrachtung des Universums eine große, in unserem Innersten verborgene Tiefe erreichen«.

Wir alle haben schon einmal das Gefühl erlebt, Teil von etwas zu sein, das viel größer ist als wir selbst. Wenn wir das Sternenmeer am Firmament betrachten, wenn wir durch einen großen Wald laufen, aber auch wenn uns der Anblick eines Kunstwerks ergreift, spüren wir, dass wir geradezu in einer Quantenerfahrung verschmelzen, bei der die Grenze zwischen Betrachter und Betrachtetem verschwindet.

Dies sind Momente der Nicht-Dualität, in denen wir uns nicht länger als etwas vom Ganzen Getrenntes erleben, sondern als Teil dieses Ganzen.

Advaita und Flow

Das Advaita besagt, dass materielle Dinge, Menschen und sogar die Zeit nur eine Illusion sind. Alle Möglichkeiten existieren simultan, und die Zeit ist nur ein menschliches Mittel, um nicht im Chaos zu versinken.

Wenn wir aber mit dem Leben verschmelzen, sind diese ganzen Dinge nicht mehr wichtig. Die Erfahrung des sogenannten Flows – den Mihály Csíkszentmihályi meisterhaft in seinem Buch *Flow* beschrieben hat – erlaubt einem, sich von seinem Ego und dessen mentalem Lärm sowie von der Zeit zu lösen. Im Flow verschmelzen wir mit dem, was wir tun. Im Flow kommt uns eine Stunde wie ein kurzer Augenblick vor, da wir nicht mehr vom dualen Denken beherrscht sind.

Hier einige Empfehlungen, wie man diesen kostbaren Flow-Zustand erreichen kann, der nicht nur die Dualität aufhebt, sondern zu hervorragenden Leistungen befähigt und Glückserleben hervorruft:

1. Nur eine einzige Sache machen, leidenschaftlich und mit allen fünf Sinnen. Multitasking ist ein absoluter Feind des Flows.
2. Mit voller Aufmerksamkeit bei der Sache sein. Das kannst du bei etwas so Einfachem wie dem Lesen eines Buches üben. Jedes Mal, wenn dich etwas ablenkt, kehrst du bewusst zur Lektüre zurück.
3. Während des Übens alles Ablenkende und alle sogenannten Zeitfresser ausschalten: das Smartphone und sämtliche anderen mit dem Internet verbundenen Geräte; auch alle Gedanken, die dich in die Vergangenheit oder in die Zukunft versetzen. All das stört den Flow. Wenn etwas dich beunruhigt oder belastet, schreib es auf und überlass dich dann, von dieser Last befreit, ganz und gar dem gegenwärtigen Erleben.
4. Laut Csíkszentmihályi sollte das, was wir machen, weder sehr einfach noch sehr schwierig sein. Ist es zu einfach, besteht die Gefahr, dass wir es per Autopilot er-

ledigen und nicht mit Leidenschaft bei der Sache sind. Ist es zu schwierig, könnte es uns blockieren. Wenn wir die Messlatte etwas höher legen als das, was wir bereits geschafft haben, hilft uns dies, motiviert zu bleiben. Dazu passt folgende Bemerkung von Ernest Hemingway: »Manchmal habe ich viel Glück und schreibe besser als ich kann.«

Alte Meister, neue Meister

Man nimmt an, dass der indischen Denker Adi Shankara, der im achten Jahrhundert nach Christus geboren wurde, das Advaita Vedanta auf der Grundlage der Upanishaden entwickelt hat, jener Texte, auf denen der heutige Hinduismus beruht.

Shankara, ein Anhänger von Gaudapada, der schon vor ihm behauptet hatte, es gebe »keine Geburt und keinen Zerfall, keine Erlösungssuchenden und keine Erlösten« und niemand sei »versklavt«, hatte viele Anhänger. Besonders berühmt aber wurden vier von ihnen: Padmapada, Suresvara, Hastamalaka und Totaka. Jeder von ihnen leitete eines der vier Klöster *(Mathas)*, die von Shankara errichtet wurden und die noch heute existieren.

DER ERSTE FILM IN SANSKRIT

1983 kam der Film *Adi Shankaracharya* in die Kinos, der erste vollständig in Sanskrit gedrehte Film, der in Indien viele Preise erhielt. Dieses einzigartige, hundertdreißig Minuten lange Biopic erzählt vom Leben des Advaita-Pioniers.

Shankara, der in einer wohlhabenden, glücklichen Familie geboren wurde, verspürte nach dem Tod seines Vaters großen Wissensdurst. Nachdem er seine Mutter von seinen Plänen überzeugt hatte, ging er in ein Kloster und begann mit seiner spirituellen Suche.

In der Moderne war es Ramana Maharshi, von dem wir im Kapitel über Selbsterforschung gesprochen haben, der den Stab der Advaita-Vedanta-Schule weitertrug.

Nachdem Ramana sich schon in jungen Jahren intensiv der Introspektion gewidmet hatte, erlebte er mit sechzehn Jahren seinen eigenen Tod und seine Wiedergeburt. Damals tauchte in seinen Gedanken ein geheimnisvolles Wort auf: Arunachala. Nach einiger Zeit entdeckte er, dass es sich dabei um einen tatsächlich existierenden Berg in Tamil Nadu handelte.

Ein Jahr später, 1896, begab sich Ramana an jenen rätselhaften Ort. Zunächst meditierte er dort in Tempeln und Höhlen, suchte Läuterung, Stille und die Loslösung von Anhaftungen, bis er schließlich seinen eigenen Aschram gründete.

Einer seiner berühmtesten Anhänger war Papaji, der sich 1944 mit Maharshi traf und ihm die gleiche Frage stellte wie allen anderen Gurus, die er im Verlauf seiner Suche getroffen hatte: »Kannst du mir Gott zeigen? Und falls nicht, kennst du jemandem, der es kann?«

»Weder kann ich dir Gott zeigen noch kann ich dir ermöglichen, Gott zu sehen«, entgegnete Ramana. »Denn Gott ist kein Objekt, das man sehen kann. Gott ist das Subjekt. Er ist der Sehende. Kümmere dich nicht um die Objekte, die man sehen kann. Finde heraus, wer der Sehende ist.«

Bei einer zweiten Begegnung mit Maharshi gelangte Papaji beim Blick in die Augen seines Gurus zur Erleuchtung, woraufhin er der Dualität für alle Zeiten den Rücken kehrte.

Hier zwei der wichtigsten Gedanken des im Punjab geborenen Papaji:

- Worte können auf die Wahrheit verweisen, aber sie sind nicht die Wahrheit. Das wahre Tor, durch das man zum Göttlichen gelangt, ist das Schweigen.
- Die Erleuchtung, die Erfahrung der Nicht-Dualität, wird ganz mühelos eintreten, wenn du keinen einzigen Gedanken mehr herbeirufst – und auch keinen unterdrückst.

Zum Abschluss dieser Ahnenreihe der Advaita-Lehrer sei noch Mooji erwähnt, heute der vielleicht bekannteste Schüler Papajis. Er stammt aus Jamaika, und sein Aschram befindet sich im Alentejo in Portugal. Dieser Meister lehrt Maharshis Selbsterforschung – die immer wieder an uns selbst gerichtete Frage: Wer bin ich? – und teilt mit Papaji die Überzeugung, dass die Dualität endet, wenn man sich nicht länger um die Aufrechterhaltung der eigenen Identität bemüht.

Für Mooji ist Erleuchtung nicht etwas, was wir erst am Ende eines schwierigen Prozesses erreichen. Wir tragen sie bereits in uns. Wir müssen nur alle vorgefassten Meinungen abschütteln, die unsere Weltsicht verzerren, besonders die Vorstellung, es bestünde eine Trennung zwischen Subjekt und Objekt.

Die Londoner Advaita-Schule

Ähnlich wie bei den genannten Meistern indischer Herkunft – wobei Mooji wie erwähnt in Jamaika geboren wurde – verlief das spirituelle Erwachen des britischen Journalisten Tony Parsons. Er erlebte es eines Tages unverhofft bei einem Spaziergang durch einen Park in einem Londoner Vorort und berichtet davon in seinem Buch *Das offene Geheimnis*.

Nach einem sorgenvollen Leben, stets beunruhigt von Gedanken an das, was kommen könnte, wurde ihm plötzlich bewusst, dass er selbst ja bereits *das* war, wonach er suchte. Er war es immer gewesen, nur dass er es bis zu diesem Augenblick nicht gemerkt hatte. Um zu dieser Erleuchtung zu gelangen, hatte er nur seine Gedankenspiele abstellen und seine Aufmerksamkeit auf das reine Gehen richten müssen.

Dabei wurde Parsons zum ersten Mal bewusst, dass jeder seiner Schritte anders und einzigartig war, dass keiner sich auf die genau gleiche Weise wiederholte. Indem er mit dieser so schlichten menschlichen Bewegung des Gehens eins wurde, fielen alle Schleier und er spürte vollkommenen Frieden und absolute Gegenwärtigkeit. Die Zeit, die Zukunftssorgen und sogar das Gehen an sich verschwanden. Parsons *war* jetzt jeder seiner Schritte, aber auch jedes Ding, das in der Welt existierte. Er war mit allem eins geworden.

Von dieser Erfahrung berichtete er erstmals an einem so weltlichen Ort wie einem Londoner Pub, in dem sich daraufhin ein lockerer Kreis von Advaita-Anhängern bildete. Einer seiner Schüler, Richard Sylvester, war in ähnlicher Weise wie Parsons in einem Bahnhof »erwacht«.

Am Ende eines dieser Treffen umarmte Tony Parsons ihn und sagte: »Ich hoffe, dass du bald stirbst«, ein Satz, der Sylvester tief berührte und den er als Titel für ein eigenes Buch wählte *(I hope you die soon).*

Was wollte das britische Advaita-Vorbild ihm damit sagen? Im Wesentlichen nur, dass man, um zu neuem Leben zu erwachen, das vorherige töten muss. Aus dem Tod des Ego geht die Nicht-Dualität hervor, in der man den Schmerz des Getrenntseins nicht mehr empfindet.

Und was nützt mir Advaita?

Vielleicht ist die Erfahrung von Maharshi und Papaji oder die der erwähnten urbanen Advaita-Erkunder nicht unbedingt für jeden geeignet. Im Grunde aber kann sie jedem nützen, der sich nach einem möglichst freien und glücklichen Leben sehnt, nach etwas, zu dem ja auch das vorliegende Buch verhelfen will.

In diesem Sinne wollen wir versuchen, die Lehren der mehr als tausendjährigen Advaita-Schule in die Alltagswelt zu übertragen:

- Je mehr uns unser Ego ausfüllt, desto größer werden Leid, Anhaftung, Ängste und Sorgen. Im Umkehrschluss führt also jede Aktivität, bei der wir uns selbst vergessen können, sogar ein einfacher Spaziergang im Park, zu mehr Gelassenheit und größerer Freiheit, das eigene Leben zu leben.
- Entsprechend dem Gesetz der kommunizierenden Röhren kann man sich auch seiner selbst entledigen, indem man sich mit anderen füllt. Altruismus trägt dazu bei, das Ego schrumpfen zu lassen, und schenkt einem gleichzeitig Frieden und Selbstverwirklichung. Ist es dir nicht auch schon passiert, dass du niedergeschlagen warst und dich die Notwendigkeit, jemandem zu helfen, dem es schlecht ging, wieder aufgerichtet hat? Wie eine leere Hülle zu sein, die sich mit anderen Menschen füllt, ist ein Weg zur Ganzheit.
- Wenn wir Flow praktizieren, verschmelzen wir mit unserem Tun, sodass die Grenze zwischen Macher/-in und Gemachtem sich auflösen. Man braucht sich nur ganz und gar mit allen Sinnen dem hinzugeben, wofür man sich begeistert, ohne Ablenkung, aber auch ohne Absicht oder Erwartungen.
- Auch ein Bewusstsein für das Universum zu entwickeln, ist eine Form, die Dualität zu überwinden. Ob wir uns

darüber in Büchern informieren oder Yugen-Erfahrungen machen: Die Erkenntnis, wie bedeutungslos wir bestrahlt von einer eher kleinen Sonne in einer von Milliarden Galaxien sind, ist ein Mittel gegen das Ego und die Probleme, die es verursacht.

Dieses Erwachen oder diese Erleuchtung macht uns nicht zu kleineren Wesen. Im Gegenteil: Es erlaubt uns, mit der Größe allen Existierenden zu verschmelzen, indem es unsere Möglichkeiten auf einem unendlich großen Spielfeld multipliziert.

Wir möchten diese Gedanken mit dem Anfang eines Gedichts abrunden, das der portugiesische Schriftsteller Fernando Pessoa 1928 unter dem Pseudonym Álvaro de Campos geschrieben hat:

Ich bin nichts.
Ich werde nie etwas sein.
Ich kann nicht einmal etwas sein wollen.
Abgesehen davon trage ich in mir
alle Träume dieser Welt.

DHARMA: DIE UNIVERSELLEN GESETZE DES GLÜCKS

Auf unseren Reisen durch die Welt haben wir gelernt, dass besonders die Vielfalt unserem Leben seine Würze gibt. Doch wie wir im Kapitel über die Tore – die architektonischen und die spirituellen – erwähnt haben, freuen wir uns sogar noch mehr, wenn wir neben den Verschiedenheiten auf Dinge stoßen, die alle Kulturen der Welt verbinden.

Warum zum Beispiel wird fast überall auf der Welt die Begrüßung zwischen zwei Menschen von einer bestimmten Handhaltung oder Geste begleitet?

Wir wissen inzwischen, dass man die Handflächen vor der Brust aneinanderlegt, wenn man jemanden mit *Namasté* begrüßt. Auch in der koreanischen und japanischen Kultur ist dies bei der Begrüßungsverbeugung üblich – oder die Hände werden seitlich neben dem Körper gehalten, und zwar so, dass sie für das Gegenüber sichtbar sind. In China und vielen anderen Kulturen der Welt gibt man sich die Hand.

Aber ob körperlicher Kontakt nun stattfindet oder nicht, und obwohl Form und Bedeutung der einzelnen Begrüßungen variieren, kann man ein gemeinsames Muster erkennen: Die einander Begrüßenden zeigen sich gegenseitig die Hände. Warum?

Es mag für viele überraschend klingen, aber damit zeigt man dem anderen, dass man keine Waffe in der Hand hat. Auch wenn es in der heutigen Gesellschaft weder üblich noch zu erwarten ist, dass man eine Waffe in der Hand hält, ist das Vorzeigen der leeren Hände im menschlichen Unterbewusstsein verankert. Deshalb wird es mehr oder weniger auf der ganzen Welt als unhöflich empfunden, wenn jemand bei der Begrüßung seine Hände in den Taschen lässt.

Dies ist nur *ein* Beispiel für ein menschliches Verhalten, das sich weltweit ähnlich entwickelt hat. So wie die Begrüßungsformen wurden an Orten, die Tausende Kilometer voneinander entfernt lagen, im Lauf der Jahrtausende Gesetze, Normen und Traditionen mittels mündlicher oder schriftlicher Erzählungen sowie in philosophischen oder religiösen Traktaten überliefert. Gleichwohl erkennen wir bei näherer Betrachtung universelle Übereinstimmungen.

Da die Menschen überall gleich sind, haben sie meistens auch, unabhängig von dem Ort, an dem sie leben, die gleichen Probleme. Deshalb hat die Menschheit überall ähnliche Gesetze geschaffen, damit alle friedlich und glücklich zusammenleben können.

Die sechs Feinde und die sieben Todsünden

Während etwa die katholische Kirche sieben Haupt- oder Todsünden festlegte, wurden in der hinduistischen Theologie die sechs Feinde des Geistes, genannt *Arishadvarga*, definiert.

Der Heilige Thomas von Aquin bezeichnete die sieben Todsünden als diejenigen, zu denen die menschliche Natur ursprünglich neigt.

Für den Hinduismus dagegen bestehen die sechs Feinde des Menschen in den Versuchungen, die ihn daran hindern, Moksha, die Befreiung von Unwissenheit, zu erlangen.

Vergleichen wir in einer Tabelle die sechs Feinde des Hinduismus mit den sieben Todsünden des Katholizismus:

Die sechs Feinde (Arishadvarga)	**Die sieben Todsünden**
Zorn (*Krodha*)	Zorn
Arroganz, Stolz (*Mada*)	Hochmut, Stolz
Begierden, Unkeuschheit (*Kama*)	Wollust, Unkeuschheit
Neid, Eifersucht (*Matsarya*)	Neid, Eifersucht
Habgier (*Lobha*)	Geiz, Habgier
Täuschung, Verwirrung (*Moha*)	–
–	Völlerei, Unmäßigkeit
–	Faulheit, Trägheit

Die ersten fünf Kategorien decken sich fast vollständig. Es ist bezeichnend, wie sehr unterschiedliche Traditionen, die sich über Jahrtausende an verschiedenen Orten der Welt entwickelt haben, in puncto Laster beziehungsweise schlechter Angewohnheiten, die den Menschen leicht auf Abwege führen, einander gleichen.

Sicher bist du wie wir der Meinung, dass man kein glückliches Leben führen kann, wenn man sich vom Zorn mitreißen lässt. Ebenso wenig, wenn man aus übermäßigem Stolz arrogant oder hochmütig wird. Wenn wir unsere Begierden nicht unter Kontrolle haben, sondern diese uns beherrschen, kann es passieren, dass wir der Wollust beziehungsweise Unkeuschheit erliegen. Auch ist es sicher gesünder, sich auf sein eigenes Leben zu konzentrieren, als neidisch zu sein auf das, was andere sind oder haben. Zu wissen, wann man genug besitzt, und nicht der Habgier nachzugeben, macht einen gelassen und großzügig.

Höchstwahrscheinlich sind wir uns in all diesen Dingen einig.

Zum Moha (Täuschung, Verwirrung), das mitunter auch mit Illusion oder Wahnvorstellung übersetzt wird, gibt es in der Liste der katholischen Todsünden keine Entsprechung. Eigentlich ist dieser Begriff auch eher typisch für die hinduistische Lebenshaltung. Er meint ein Leben, in dem man sich etwas vormacht und die Wirklichkeit nur durch eine trübe Glasscheibe sieht.

Unsere Sicht auf die Welt ist durch uns selbst eingefärbt. Es fällt uns schwer, die Wirklichkeit so zu sehen, wie sie ist. Bei der Interpretation dessen, was wir erleben, werden wir in der Regel von unserem Ego und unseren Gefühlen beeinflusst. Je nach unserer persönlichen Situation ist die Glasscheibe, durch die wir die Realität betrachten, mehr oder weniger trübe. Dessen sollten wir uns immer bewusst sein, damit wir Entscheidungen treffen können, die uns helfen, unsere Situation klar zu erkennen.

Kurzum: *Wir sehen die Welt nicht wie sie ist, sondern wie wir sind.* Die gute Nachricht aber ist, dass wir das, was wir sind, und damit auch unsere Vorstellung vom Leben in jedem einzelnen Augenblick selbst gestalten können.

Die beiden Begriffe am Ende der Liste – Völlerei, Unmäßigkeit sowie Faulheit, Trägheit – gehören zu den sieben katholischen Todsünden, zu denen es keine wirkliche Entsprechung bei den sechs Feinden im Hinduismus gibt. Dort werden sie also nicht weiter beachtet. Aber teilweise tauchen sie im Pali-Kanon des *Theravada*-Buddhismus in der Liste der fünf Hindernisse auf.

Die fünf Hindernisse

Laut dem Theravada-Buddhismus haben die fünf Hindernisse (im Sanskrit: पञ्च नीवरणानि pañca nīvaranāni) die Macht, uns vom rechten Weg abzubringen. Dies kann uns sowohl beim Meditieren passieren als auch bei unserem Bemühen, ein tugendhaftes und sinnvolles Leben zu führen.

Diese fünf Hindernisse sind:

1. **Sinneslüste** *(Kama)*: sich mittels eines der fünf Sinne (Sehen, Hören, Riechen, Schmecken, Tastsinn) vom

Wunsch nach Vergnügen leiten lassen. Der Vergnügungslust würden bei den Todsünden die Gaumenfreuden der Völlerei entsprechen.

2. **Hass, Feindseligkeit** *(Byapada)*: Hassgefühle gegenüber der Welt oder anderen Menschen hegen.
3. **Faulheit oder Lethargie** *(Thina-middha)*: sich vom Gesetz des geringsten Widerstands leiten lassen, statt das zu tun, was man kann und muss. Dieses Hindernis entspricht der Faulheit beziehungsweise der Trägheit auf der Liste der katholischen Todsünden.
4. **Sorge oder innere Unruhe** *(Uddhacca-Kukkucca)*: sich mit Sorgen plagen, die einen daran hindern, geistig und seelisch zur Ruhe zu kommen.
5. **Zweifel** *(Vicikiccha)*: fehlendes Selbstvertrauen, wenn es gilt, Entscheidungen zu treffen, was lähmend wirken kann.

Diese fünf Hindernisse entfernen uns von unserem Lebensziel, von dem, was man in Japan Ikigai nennt. Der Theravada-Buddhismus kennt fünf Gegenmittel zur Überwindung der fünf Hindernisse. Sie können einem in einer schwierigen, vermeintlich aussichtslosen Situation helfen, einen Ausweg zu finden.

Dies sind die fünf Gegenmittel:

- **Sich auf eine einzige wichtige Sache konzentrieren *(Ekaggata)*, um nicht körperlichen und sinnlichen Begierden nachzugeben:** Wenn wir merken, dass wir uns allzu leicht von sinnlichen Lüsten verleiten lassen, sollten wir unsere Aufmerksamkeit auf etwas richten, das nichts mit ihnen zu tun hat. Das kann uns helfen, diesen Versuchungen, für die wir Menschen so empfänglich sind, zu widerstehen.

- **Sich auf das Wohlbefinden *(Piti)* konzentrieren, um Boshaftigkeit oder Hass zu meiden:** Wenn wir merken, dass uns zornige Gedanken, Groll oder Bedauern beherrschen, sollten wir unsere Aufmerksamkeit auf alles Gute in unserem Leben richten. Auch bei Hass oder Neid auf andere Menschen kann diese Methode sowie das Auflisten der Tugenden dieser Menschen uns helfen. Unser Blick auf sie wird sich dadurch grundlegend verändern.
- **Sich gezielt vornehmen, etwas Bestimmtes zu tun *(Vitakka)*, um Faulheit oder Trägheit zu entkommen:** Nach den Gründen zu suchen, warum uns die Lethargie im Griff hat, kann uns helfen, Entscheidungen zu treffen, aktiv zu werden und der Lähmung zu entkommen, dem Autopiloten, der die Faulheit fördert.
- **Nichtsinnliche Freuden *(Sukha)* genießen, um Sorgen zu meiden:** Die Hingabe an nichtsinnliche Freuden (geistige Weiterbildung, Lesen oder unter Anleitung von Lehrern oder Mentoren etwas über die Welt lernen, eigene künstlerische Fähigkeiten weiterentwickeln, für geliebte Menschen da sein) wird uns helfen, uns gut und entspannt zu fühlen, uns keine Sorgen über unsere derzeitige Situation zu machen. Der griechische Philosoph Pyrrhon von Elis hat die Ataraxie als einen Zustand der Ruhe und des Gleichmuts definiert, den man erreichen kann, wenn man sorgenfrei ist und Sinnesfreuden entsagt.

- **Situationen präzise analysieren *(Vicara)*, um Zweifel loszuwerden:** Eine einfache und praktische Methode zur Überwindung von Ungewissheit besteht darin, auf einem Blatt Papier oder in einer Datei die Vor- und Nachteile zweier Optionen aufzuschreiben. Ist man zum Beispiel unsicher, ob man eine neue Arbeit annehmen soll oder nicht, listet man in einer Spalte die Vorteile eines Stellenwechsels und in einer zweiten dessen Nachteile auf. Allein schon das Erstellen einer solchen Liste kann einem helfen, Zweifel zu beseitigen.

Hindernis	**Gegenmittel**
Sinneslüste	sich auf eine einzige wichtige Sache konzentrieren, um Anhaftungen zu meiden
Hass und Feindseligkeit	sich auf das Wohlbefinden konzentrieren – das eigene und das anderer –, um Böswilligkeit und Hass zu vermeiden
Faulheit	sich auf proaktives Handeln konzentrieren, um nicht der Trägheit zu erliegen
Sorge und Unruhe	sich nichtsinnlichen Freuden hingeben, um Sorgen zu entgehen
Zweifel	eine Situation präzise analysieren, um Zweifel loszuwerden

Die vier Versprechen

Obwohl sie in den Bereich der Psychologie und der Persönlichkeitsentwicklung gehören und nichts mit irgendeiner Religion zu tun haben, möchten wir hier vier wichtige Lebensregeln nennen, die uns mehr als einmal von seelischem Leid befreit haben. Besonders die zweite, aber auch die anderen drei erscheinen uns sehr wertvoll.

In seinem erstmals 1997 erschienenen Buch *Die vier Versprechen* stellt der Arzt Don Miguel Ruiz vier aus der toltekischen Kultur stammende Grundsätze vor, die einem helfen können, ein glückliches Leben zu führen. Dem Autor zufolge, mit dem wir ein langes, sehr angenehmes Telefoninterview führen konnten, sollte man sich, um Leid zu vermeiden, an die genannten Vereinbarungen (engl. *agreements)* beziehungsweise Versprechen halten.

Schauen wir sie uns näher an:

1. *Verwende deine Worte mit Bedacht.*
   Versuche, in allem, was du sagst, untadelig zu sein. Don Miguel Ruiz zufolge sind »tadellose« Worte solche, die »nicht sündigen«. Um friedlich zu leben, muss man im Einklang sein mit dem, was man sagt. Nur so wahrt man seine Integrität gegenüber sich selbst und im Zusammensein mit anderen.
   Parallelen in anderen Traditionen:
   - Dass man nicht lügen soll, ist eines der zehn Gebote der katholischen Kirche.
   - In den fernöstlichen Traditionen ist Lügen zwar nicht per se eine Sünde, doch es gilt: Jedes Mal, wenn wir

etwas sagen, das nicht stimmt oder anderen schaden könnte, kann dies Folgen für unser Karma haben.
- Gandhi drückt es so aus: »Glück ist, wenn das, was du denkst, sagst und tust, miteinander im Einklang steht.«

2. *Nimm nichts persönlich.*
   Wenn du dich durch etwas oder jemanden angegriffen fühlst, nimm es nicht persönlich. Jeder/Jede betrachtet die Welt aus seiner/ihrer eigenen Lebenssituation heraus. Deshalb sagt das, was er beziehungsweise sie äußert oder tut, stets nur etwas über ihn/sie selbst aus, nicht über uns. Don Miguel Ruiz erklärt, dass dieses zweite Versprechen hilft, sich von Gefühlen wie Wut, Hass, Eifersucht oder Neid zu befreien.
   Parallelen in anderen Traditionen:
   - Wie wir im ersten Teil dieses Kapitels gesehen haben, gehören sowohl Zorn als auch Eifersucht und Neid zu den Hauptlastern oder Todsünden des Katholizismus und zu den sechs Feinden des Hinduismus. Dieses zweite Versprechen wird uns helfen, jene eher unerwünschten Gefühle im Zaum zu halten.

3. *Zieh keine voreiligen Schlüsse.*
   Male dir nicht aus, was andere Menschen über dich oder über andere Leute denken. Du kannst es nicht wissen und nur spekulieren. Sich vorzustellen, was andere über einen denken, kann eigenes Leid verstärken. Wir sehen die Welt fast immer verzerrt und halten das, was wir sehen, für die Wahrheit.

Parallelen in anderen Traditionen:

- Dieses Versprechen entspricht der Täuschung (Moha) – laut Hinduismus einer der sechs Feinde des Geistes. Das heißt, zu viele Vermutungen über unsere Umgebung und andere Menschen ist Gift für die Seele, da es uns Leid zufügt.

4. *Tu immer dein Bestmögliches.*
   Dieses Versprechen ist eine Aufforderung, sich in jedem Augenblick des Lebens ernsthaft zu bemühen. Die Japaner haben hierfür den Ausdruck *Ganbatte*, was übersetzt »streng dich an, so gut du kannst« bedeutet. Dieses Prinzip kann man im Umgang mit sich selbst und auch mit anderen anwenden.
   Parallelen in anderen Traditionen:
   - Sein Bestes zu geben und andere so gut wie möglich zu behandeln, gehört zu den Grundsätzen der allermeisten Religionen. Erinnern wir uns an das zweite christliche Gebot: *Liebe deinen Nächsten wie dich selbst.*
   - Will man in seinem Leben alles bestmöglich machen, darf man nicht in die Fänge eines der sechs Feinde des Hinduismus geraten, darf nicht den Versuchungen der sieben Todsünden erliegen noch sich von den fünf Hindernissen lähmen lassen.

Verbessere dein Karma mithilfe der Franklin-Methode

In *Finde dein Ikigai*, unserem Praxisbuch mit Anleitungen zum Aufspüren des eigenen Lebensziels, des Ikigai, kommen wir auch auf das ausgefallene System zu sprechen, das sich einst Benjamin Franklin überlegt hat, um bei sich selbst dreizehn Tugenden zu stärken, die ihm besonders wichtig waren. Damit er in das entsprechende Kästchen ein Kreuz machen durfte, musste er täglich durch Taten belegen, dass er eine dieser Tugenden, zum Beispiel die Geduld, trainiert hatte.

Nur wenn er in einer Woche sieben Kreuze gemacht hatte, erlaubte er sich, in der Folgewoche eine neue Tugend einzuüben. Sobald er es geschafft hatte, die dreizehn Tugenden in die Praxis umzusetzen, begann er wieder von vorn.

Franklins Worte in diesem Zusammenhang waren: »Menschliches Glück stammt nicht so sehr aus großen Glücksfällen, die sich nur selten ereignen, als vielmehr aus kleinen glücklichen Umständen, die jeden Tag vorkommen.«

Als Abschlussübung schlagen wir dir vor, die Franklin-Methode in vereinfachter Form anzuwenden und dich dabei auf eine einzige Sache zu konzentrieren, die dir an dir selbst nicht gefällt:

- Wähle eine Verhaltensweise oder Gewohnheit, die du gern loswerden würdest, weil sie dir nichts Gutes bringt und dich vor allem nicht glücklich macht.

- Stelle eine Liste mit Kleinigkeiten auf, die du ändern könntest, und mit Dingen, die du tun könntest, um dich von diesem Ballast zu befreien.
- Nimm dir wie Franklin vor, täglich eines dieser Vorhaben in die Tat umzusetzen, um das loszuwerden, was dir an dir selbst nicht gefällt.
- Wenn du es schaffst, diesen Vorsatz an sieben Tagen hintereinander zu erfüllen, belohne dich mit etwas Schönem.

KARMA: DIE GESCHICHTE DEINER LEBEN

Es herrschen viele unterschiedliche Meinungen darüber, was Karma genau bedeutet. Dieses Gesetz von Ursache und Wirkung ist für manche indische Religionen auch über das eigene Leben hinaus gültig und beeinflusst die nächste Wiedergeburt. Einfach erklärt heißt das: Haben wir uns in diesem Leben spirituell weiterentwickelt, werden wir im nächsten Leben als ein höheres Wesen wiedergeboren und im nächsten ebenfalls, so lange, bis wir von dem Kreislauf von Geburt und Tod erlöst sind. War unser Leben dagegen nicht tugendhaft, werden wir in Form eines niedrigeren Wesens, möglicherweise sogar als Tier wiedergeboren.

Wie wir in diesem Kapitel sehen werden, kann uns das Gesetz des Karmas allerdings bei unserem Versuch, anders auf die Welt und unsere Art zu leben zu blicken, als Verbündeter dienen, selbst wenn wir nicht an Transzendenz glauben.

Die Karma-Polizei

Im Song »Karma Police« weist die britische Rockband Radiohead darauf hin, dass man erntet, was man sät, und formuliert damit auf ihre eigene Weise das »Gesetz der Vergeltung«.

Wenn wir von der Annahme ausgehen, dass jede Tat Folgen hat, so ist auch unser Glück das Ergebnis vieler täglich getroffener Entscheidungen. Menschen, die sich treiben lassen, ist dieses Ursache-Wirkungs-Prinzip, das ihr Leben bestimmt, meistens nicht bewusst.

Laufen die Dinge schlecht, schieben sie es auf Pech, auf die Gemeinheit der anderen oder die Ungerechtigkeit der Welt. Wenn wir keine Verantwortung für unser Leben übernehmen, werden wir zu Sklaven der Umstände und bisweilen auch des Aberglaubens.

Wir alle kennen Menschen, die auf Holz klopfen oder irgendein Ritual praktizieren, um das Glück heraufzubeschwören. Sie vergessen dabei, dass man sein Glück jederzeit selbst schmiedet: mit Taten, Worten und Überzeugungen.

Wenn du das Karma auf deiner Seite haben willst, musst du dich seinem Gesetz beugen und dir, falls Dinge schieflaufen oder du unter etwas leidest, folgende Fragen stellen:

- Wie habe ich selbst dazu beigetragen, dass so etwas passiert ist?
- Was hätte ich anders machen können, um zu einem anderen Ergebnis zu gelangen?
- Was muss ich in Zukunft ändern, damit das Rad des Lebens sich zu meinen Gunsten dreht?

Eine genaue Betrachtung der Konsequenzen unseres Handelns zeigt uns, dass das Karma das Licht ist, mit dessen Hilfe wir unser eigenes Wesen und die vielen Möglichkeiten, uns zu verbessern, erkennen können. In diesem Sinne ist das Karma ein Erwachen des Bewusstseins und die Aufforderung, aus bestehenden Teufelskreisen auszubrechen und über uns selbst hinauszuwachsen.

Fragen, die uns helfen können, unser Karma zu justieren

»Den Folgen meiner Taten kann ich nicht entgehen. Meine Taten sind der Boden, auf dem ich stehe«, sagte der vietnamesische Mönch Thich Nhat Hanh.

Wenngleich im Westen viele Menschen das Gesetz des Karmas mit der buddhistischen Philosophie assoziieren, ist es sogar ein noch etwas älteres Konzept. Bereits im *Chandogya-Upanishad*, das aus der Zeit zwischen dem achten und sechsten Jahrhundert vor Christus stammt, wird es erwähnt. Diese zweite unter den heiligen hinduistischen Schriften hat den Buddhismus, den Jainismus und andere Glaubensrichtungen beeinflusst.

Im Sanskrit, der Sprache der Upanishaden, bedeutet Karma so viel wie Tat oder Aktion, und so interpretieren es auch alle dharmischen Religionen: als eine kosmische Energie des Ausgleichs. Nach dieser Vorstellung ist jede Tat eine Ursache, die eine Folge hat.

Unabhängig von unserer jeweiligen religiösen Einstellung tragen wir alle, jeder für sich, wesentliche Verantwortung für die Schaffung unseres Karmas, das nicht nur auf Taten beruht, sondern auch auf Worten und Gedanken, die ihrerseits Keime künftiger Taten sind und folglich Karma erzeugen.

Leonardo Da Vinci, das Genie der Renaissance, hat uns dies mit folgenden Worten in Erinnerung gerufen: »Erkenne, dass alles mit allem verbunden ist.«

Der unendliche Knoten

Nicht umsonst ist das Symbol des Karmazyklus ein unendlicher Knoten. Laut dem Schriftsteller und Arzt Deepak Chopra verläuft dessen Dynamik wie bei einem Erlebnis, das Erinnerungen erzeugt, die ihrerseits Fantasie und Verlangen auslösen, aus denen wiederum weitere Handlungen resultieren.

Um unser Karma kontrollieren zu können, müssen wir uns also fragen, ob folgende Faktoren in unserem Leben auch wirklich angemessen sind:

- *Unsere Taten*, deren Folgen uns zwingen, in bestimmter Weise zu reagieren. Handle ich also in der für mich und andere bestmöglichen Weise?
- *Unsere Worte*, denn sie können Glück oder Unglück, Annäherung oder Entfernung, Erfolg oder Scheitern nach sich ziehen. Genau wie von unseren Taten hängt unser Glück daher auch von den Worten ab, die wir äußern. Verwende ich meine Worte auf »untadelige« Weise, wie Don Miguel Ruiz es in *Die vier Versprechen* nennt?
- *Unsere Gedanken und Wünsche*, denn sie lenken unsere Worte und Taten in eine bestimmte Richtung und gestalten unsere Wirklichkeit. Sind meine Gedanken klar? Entsprechen meine Wünsche dem, was ich wirklich brauche, um mich und andere glücklich zu machen?

Sich hin und wieder diese Fragen zu beantworten, ist die beste Methode, um das eigene Karma zu justieren.

INSTANT KARMA

Der Hinduismus spricht von drei Arten von Karma, die sich je nach dem Zeitpunkt einer Handlung unterscheiden. Das *Prarabdha Karma* manifestiert sich im Jetzt, im Moment des Handelns; es ist Teil des *Sanchita Karma*, das in unserer Seele gespeichert ist und sich erneut in späteren Situationen zeigt, die uns auf unser ursprüngliches Handeln zurückverweisen. Das *Agami Karma* ist das Resultat gegenwärtiger Taten, die sich aber erst in der Zukunft zeigen. So oder so wird der Ausgleich kommen.

Dieser Bumerangeffekt kann auch komische und widersprüchliche Seiten haben. Was die komische Seite betrifft, gibt es zum Beispiel Videos, in denen Personen, die sich schlecht verhalten haben, das Gesäte augenblicklich ernten. Dazu passt sehr gut der deutsche Spruch »Kleine Sünden bestraft der liebe Gott sofort«, den man gern dann anbringt, wenn jemand sich beispielsweise den Kopf stößt oder stolpert, nachdem er einen anderen angeschrien oder schlecht behandelt hat.

In seinem Song »Instant Karma« singt John Lennon davon, dass wir alle leuchten – *we all shine on* –, womit er vielleicht auf die Erleuchtung in Momenten anspielt, in denen wir uns des Ursache-Wirkung-Prinzips bewusst werden und folglich Gutes im Leben tun können.

Übrigens war es Lennons Prämisse, die den Schriftsteller Stephen King beim Schreiben seines Romans *The Shining* inspirierte, in dem es dem kleinen Danny Torrance gelingt, seine Mutter aus Dunkelheit und Bosheit zu befreien.

Die Geschichte nicht länger wiederholen

Um gutes Karma zu schaffen, müssen unser Erleben, unsere Fantasie und unsere Wünsche bewusst auf Gutes ausgerichtet sein. Denn alles, was wir der Welt geben, fällt auch wieder auf uns zurück. Wir müssen also positive Gewohnheiten pflegen. »Durch gute Taten wird auch das Selbst gut«, heißt es im *Brihadaranyaka-Upanishad.*

Folglich befinden sich auf der anderen Seite der Waage all jene, die immer über denselben Stein stolpern. Darauf bezieht sich eine Stelle im *Dhammapada*, jener Schrift, in der die Worte Buddhas festgehalten sind: »Narren mit geringer Weisheit sind ihre eigenen Feinde, während sie durchs Leben schreiten und Schlechtes tun, was bittere Früchte trägt.«

Da wir unser Karma nur beeinflussen können, wenn wir unser Verhalten akzeptieren und Verantwortung dafür übernehmen, lautet eines seiner Gesetze: »Was du dich zu akzeptieren weigerst, wird dir immer wieder passieren.«

Und genau deshalb ist das Karma, also das, was uns im Leben widerfährt, eine Schule, die uns zu klarem Bewusstsein führt.

Diesbezüglich gibt es ein Gedicht von Portia Nelson. Es heißt »Autobiografie in fünf kurzen Kapiteln« und wird unter anderem in Sogyal Rinpoches *Tibetischem Buch vom Leben und Sterben* zitiert:

Kapitel I
Ich gehe eine Straße entlang.
Da ist ein tiefes Loch im Gehsteig.
Ich falle hinein.
Ich bin verloren … Ich bin ohne Hoffnung.
Es ist nicht meine Schuld.
Es dauert endlos lange, wieder herauszukommen.

Kapitel II
Ich gehe dieselbe Straße entlang.
Da ist ein tiefes Loch im Gehsteig.

Ich tue so, als sähe ich es nicht.
Ich falle wieder hinein.
Ich kann nicht glauben, schon wieder am gleichen Ort zu sein.
Aber es ist nicht meine Schuld.
Immer noch dauert es sehr lange herauszukommen.

Kapitel III
Ich gehe dieselbe Straße entlang.
Da ist ein tiefes Loch im Gehsteig.
Ich sehe es.
Ich falle immer noch hinein … aus Gewohnheit.
Meine Augen sind offen.
Ich weiß, wo ich bin.
Es ist meine eigene Schuld.
Ich komme sofort wieder heraus.

Kapitel IV
Ich gehe dieselbe Straße entlang.
Da ist ein tiefes Loch im Gehsteig.
Ich gehe darum herum.

Kapitel V
Ich gehe eine andere Straße.

Zehn Karma-Gesetze

Wie wir gesehen haben, sind die Gebote des Karmas keine Strafe, sondern geben uns die Möglichkeit, zu lernen, bewusst zu leben und den eigenen Weg frei zu wählen, so wie die Person aus der Parabel, die immer wieder in dasselbe Loch fällt. Unsere gegenwärtigen Taten gestalten unsere Zukunft und gleichen sogar vergangene Fehler aus, wie man es in dem Film *Zurück in die Zukunft* mit Michael J. Fox sehen kann.

Anders als im Film können wir zwar nicht in die Vergangenheit zurückkehren und sie ändern, aber wir können aus ihr lernen, um künftig anders zu handeln.

Am besten befolgen wir zu diesem Zweck diese zehn Karma-Gesetze:

1. *Was man sät, erntet man.* Oder: *Was von dir kommt, kehrt zu dir zurück.* Darauf beruht das Gesetz von Ursache und Wirkung. In einigen spirituellen Bewegungen herrscht der Glaube, Schlechtes kehre zehnfach zurück.
2. *Sei großzügig und freundlich*, denn wir haben die Aufgabe, für uns und unsere Umgebung, mit der wir untrennbar verbunden sind, das Beste zu tun.
3. *Was du dich zu akzeptieren weigerst, wird dir immer wieder passieren.* Wie in Portia Nelsons Geschichte von dem Loch in der Straße, müssen wir *demütig* werden und unsere Fehler annehmen, um menschlich wachsen zu können.
4. *Übernimm Verantwortung.* Wenn in unserem Leben häufig unangenehme Dinge passieren, müssen wir uns

selbst erforschen; denn meistens ist unser äußeres Leben ein Spiegel unseres Inneren.

5. *Begreife die Zusammenhänge.* Mach dir bewusst, dass alles miteinander zusammenhängt und (wie beim sogenannten Schmetterlingseffekt) jede kleinste Regung etwas noch Schlimmeres oder noch Besseres auslösen kann.
6. *Fokussiere dich.* Versuche nicht, dich auf alles gleichzeitig zu konzentrieren. Wir müssen unsere Aktivitäten eingrenzen, um tatsächlich etwas dazuzulernen. Wenn wir uns verbessern wollen, sollten wir uns *kleine* Ziele setzen.
7. *Sei präsent*, denn hier und jetzt gestaltest du dein künftiges Karma; und löse deine enge Bindung an die Vergangenheit.
8. *Korrigiere dein Verhalten*, um eine Veränderung zu ermöglichen. Ein Zitat, das oft Albert Einstein zugeschrieben wird (aber wohl älteren Ursprungs ist): »Wahnsinn ist, immer wieder das Gleiche zu tun und andere Ergebnisse zu erwarten.«
9. *Sei geduldig.* Positives Karma wächst bisweilen wie Bambus, still und langsam, und braucht Zeit, bis es Früchte trägt.
10. *Lass in deinem Bemühen niemals nach.* Einen Tag lang tugendhaft zu sein, ist wie ein Tropfen, der sich im Ozean verliert. Wir können unser Leben nur bewusst und beharrlich gestalten.

Das Betriebssystem unseres Lebens neu starten

Wenn wir bedingungslos unser Bestes geben, folgt das Karma unserer Spur. Der Philosoph Laozi, der als Begründer des Taoismus gilt, fasst mit folgenden Worten zusammen, wie wir das Betriebssystem unseres Lebens neu starten können: »Dem universellen Pfad zu folgen, bedeutet, uneingeschränkt Selbstlosigkeit zu üben und die Tugend in die Welt hinauszutragen. So beseitigt man nicht nur alle Unreinheiten, die sich im Lauf der verschiedenen Leben angehäuft haben, sondern kann möglicherweise auch sein ursprünglich göttliches Wesen wiederherstellen.«

Das Karma ist wie eine Geschichte, die wir auf einem flexiblen Medium – dem Leben – speichern. Ein verantwortungsvolles Leben, das auf dem Wunsch der persönlichen Verbesserung aufbaut, ohne dass wir dabei an Bestrafung oder Belohnung denken, ist das leere Blatt Papier, an das uns das Karma immer wieder erinnern will. Und ob wir auf diesem leeren Blatt Negativität und Bitterkeit oder im Gegenteil Licht und Liebe festhalten, ist unserer Entscheidung überlassen.

SAMSARA UND NIRWANA

Bei der Erforschung des Universums gehen wir vom Prinzip der Dualität als oberster Evidenz aus. Licht und Dunkelheit, Leben und Tod, positiv und negativ erscheinen uns als untrennbare Gegensätze/Gegensatzpaare.

Denken wir einmal für einen Moment an die ruhige Gestaltung eines Mandalas, das diese Unendlichkeit und universelle Harmonie mittels der Ausbalancierung verschiedener visueller Elemente darstellt, und wir werden verstehen, dass der Sinn von allem gerade im Unterschied liegt. Stellen wir uns zum Beispiel eines der bekanntesten Mandalas vor, das *Taijitu*, in dem sich Yin und Yang ergänzen. Im Taoismus ist es das Symbol für Dualität.

Entsprechend lassen sich auch Leiden und Erlösung als Teil dieses dualen Systems begreifen. Oder, was dasselbe ist: Samsara und Nirwana. Sie bilden den Zyklus des Lebens.

Die ursprüngliche Bedeutung von Samsara im Sanskrit lautet »Durchlaufen verschiedener Stadien« oder auch »beständiges Wandern«. Gemeint ist damit der Weg, der von der Anhaftung und Verwirrung bis zum tiefen inneren Frieden, dem Nirwana, führt.

Der lange, kurvenreiche Weg der Seele

Wie Paul McCartney es in seinem Song »The Long and Winding Road« beklagt, gleicht das Leben in unseren Augen einem Weg voller Höhen und Tiefen, voller schwieriger Lektionen, die uns manchmal dermaßen erschöpfen, dass wir das Gefühl haben, »das alles nicht zu schaffen«.

In einigen spirituellen Strömungen herrscht die Vorstellung, aufgrund einer angehäuften karmischen Schuld infolge zweifelhafter Taten, Worte und Gedanken durchliefen wir Menschen in wechselnden Körpern den Zyklus von Geborenwerden und Sterben, so lange, bis wir unsere Schuld abbezahlt hätten.

Die sich wiederholenden Reinkarnationen, so die Annahme, erteilen uns Lebenslehren, damit wir am Ende zur optimalen Version unserer selbst gelangen. »Lang ist die Nacht für den, der wach liegt; lang ist das Leben für den Narren, der das wahre Gesetz nicht kennt«, sagte Buddha. Dieses »Gesetz« ist das Streben nach Besserung und nach der Selbstverwirklichung, die unser Bewusstsein erweckt.

Aber noch einmal: Wir brauchen nicht an ein Leben nach dem Tod zu glauben, um den Weg vom Samsara zum Nirwana, also von der Ahnungslosigkeit zum Bewusstsein, von der Dunkelheit zum Licht zu gehen. Diesen Weg können wir in ein und demselben Leben zurücklegen, sogar am heutigen Tag.

Wir müssen nur die Steine aus dem Weg räumen, damit unser Pfad sich lichtet. Zu diesem Zweck können wir uns folgende Fragen stellen:

- Was für Steine liegen auf meinem Weg? (Das können feste Überzeugungen, schlechte Angewohnheiten, falsche Handlungen, nutzlose Trägheit sein.)
- Wenn ich weiß, dass diese Steine mir im Weg sind, warum habe ich sie dann bis jetzt noch nicht weggeräumt?
- Was werde ich von nun an unternehmen, um meinen Weg zum Nirwana zu ebnen?

WANDERNDE LIEBENDE

In einer Szene aus Francis Ford Coppolas wunderbarer Verfilmung von Bram Stokers Roman *Dracula* gesteht der Vampir seiner geliebten Mina: »Ich habe Ozeane der Zeit überquert, um dich zu finden.« Die Liebe der beiden ist in früheren Leben entstanden – allerdings darf man nicht vergessen, dass der Graf unsterblich ist –; trotzdem erkennen sich die Liebenden wieder.

Aus spiritueller Sicht bedeutet unsterbliche Sehnsucht den Wunsch nach Verschmelzung mit dem Göttlichen und damit dem Ende aller Schmerzen und einem Leben in Liebe mit dem Universum.

Bis es im Nirwana zu dieser Vereinigung kommt, kann es passieren, dass Liebende einander beim Durchwandern des Samsara wiederbegegnen wie zwei füreinander bestimmte Seelen, die dasselbe Karma teilen. So erklärt sich möglicherweise die berühmte Liebe auf den ersten Blick, bei der Verliebte wie bei einem Déjà-vu das Gefühl haben, sie hätten diese Begegnung schon einmal erlebt. In solchen Augenblicken fallen Sätze wie: »Ich habe das Gefühl, wir kennen uns schon ewig.«

Könnte es denn nicht sein, dass eine solche Liebe aus einem anderen Leben stammt?

Manche überrascht diese Erkenntnis, während andere, die sich sicher sind, dass Samsara sie wiedervereinen wird, schon im aktuellen Leben die Fundamente für ihre nächste Begegnung legen. So tat es Shah Jahan, der nach dem Tod seiner Lieblingsfrau Mumtaz Mahal ihr zu Ehren in Agra ab 1632 das Taj Mahal errichten ließ. Nach seinem Tod wurde auch er dort beerdigt, damit beide ihren Weg bis in alle Ewigkeit gemeinsam gehen konnten.

In steter Folge begleiten uns Gefühle, Eindrücke und Erlebnisse, die das Karma in seinem Fluss vorantreiben. Die Hinduisten glauben, dass die Seele, solange sie der Täuschung *(Maya)* erliegt und glaubt, es gebe nur den Körper und die zeitliche Welt, in Samsara leiden wird, weil sie nicht weiß, dass keine Trennung vom Göttlichen existiert.

In Kreisen gehen: Samsara, das Rad des Lebens

Samsaracakra oder das »Rad der Wiedergeburten« veranschaulicht sehr gut die sechs Stadien oder sogenannten Daseinsbereiche, die der Mensch durchläuft, bis er das Nirwana erreicht. In jedem dieser Bereiche lernt er, Böses abzulegen und Tugendhaftes anzunehmen, um sich so immer mehr vom Leiden zu befreien.

Es heißt, Buddha sei im Augenblick seiner Erleuchtung fähig gewesen, sich an Dinge aus all seinen vergangenen Leben zu erinnern. In seinem Gedächtnis seien klar und deutlich Erfahrungen aus jedem der sechs Daseinsbereiche aufgetaucht:

1. der Bereich der Devas, der Götter, in dem Glück und Stolz in Fülle vorhanden sind
2. der Bereich der Asuras, der Halbgötter, deren typische Eigenschaften Eifersucht und Neid sind
3. der Bereich der Menschen, in dem Anhaftung, Wunsch, Zweifel und Leidenschaft herrschen
4. der Bereich der Tiere; ein Bereich voller Vorurteile und Unwissenheit
5. der Bereich der hungrigen Geister, der Pretas; geiziger und besitzergreifender Wesen
6. der Bereich der Narakas oder Nirayas; eine Art Hölle voller Leid und Zorn

Auf diesem langen, kurvenreichen Weg entwickeln wir uns durch Meditation, Mitgefühl und Altruismus spirituell weiter und entdecken das Glück, das aus der Loslösung erwächst. Es ermöglicht uns, die Treppe zum Nirwana hinaufzusteigen, das in der Darstellung des leidhaften Wiedergeburtenkreislaufs (Samsara) als Weg zum Licht dargestellt wird. Der tibetische Yogi Milarepa, der im elften und zwölften Jahrhundert lebte, hat darüber folgende Verse geschrieben:

> Betrachte und suche deinen dir unbekannten Geist.
> Suche nicht nach Befriedigung in irdischen Dingen.
> All mein Wissen erhalte ich durch die Beobachtung meines Geistes, denn all meine Gedanken verwandeln sich in die Lehren des Dharma.
> Und die einzigen Bücher, die ich brauche, sind meine Erfahrungen.
> Das natürliche Antlitz des eigenen Geistes zu suchen, ist das Wichtigste.
> Wer das Wesen seines eigenen Geistes entdeckt, weiß, dass dieser Geist Wissen-Bewusstsein ist.
> Das ist die größte Lehre, die es umzusetzen gilt;
> darin liegt das Wesen des Buddha.

Erlöschen, um zu leuchten

Dass mit »Nirwana« das Erkennen des Lichts am Ende unseres spirituellen Tunnels gemeint ist, klingt einigermaßen ironisch, wenn man bedenkt, dass dieses ursprünglich aus dem Pali stammende Wort »Auslöschung«, »Löschen« oder »ausgeschaltet« bedeutet.

Doch in der Tat löschen wir Begehren, Hass und Unwissenheit, wenn in uns das Bewusstsein aufleuchtet; wenn wir das Göttliche spüren und uns von unserem Ego und den Fesseln des Materiellen befreien.

Der britische Autor Alan Watts, der in den Sechzigerjahren viel zur Popularisierung östlicher Philosophie beigetragen hat, verglich das Erreichen des Nirwanas mit der Erleichterung des Wanderers:

> Das Eigentliche im Buddhismus, Nirwana genannt, ist in gewisser Hinsicht gleichbedeutend mit Moksha, der Befreiung. Nirwana bedeutet »Ausblasen« – ein Seufzer der Erleichterung, denn wer den Atem anhält, verliert ihn. Wer an seinem Ich, seinem Leben, seinem Atem oder seinem Geist festhält, hält sich an Gott fest. Dann stirbt alles ab und versteinert. Wer aber loslassen und ausatmen kann, kann auch wieder Atem holen. Das ist Nirwana.

ERLEUCHTUNG DURCH DIE ROCKMUSIK

In der zeitgenössischen säkularen Welt suchen viele Menschen in Kunst und Kreativität eine Magie, die ihnen hilft, in die Sphären der Ruhe aufzusteigen. Deshalb können wir dieses Kapitel nicht schließen, ohne die weltberühmte Rockband Nirvana zu erwähnen, die ganz offensichtlich bei der Wahl ihres Namens an spirituelle Erlösung dachte.

Der von Depressionen gequälte Bandleader Kurt Cobain empfand Musik angesichts des Samsara als eine Art Erleichterung: »Punk ist musikalische Freiheit. Punk bedeutet, dass man sagen, machen und spielen kann, was man will. Laut dem Webster bedeutet ›Nirwana‹ Befreiung von Schmerz, Leid und der äußeren Welt, und das kommt meiner Definition von Punkrock ziemlich nahe.«

Die Meditation, mit der wir uns im dritten Teil dieses Buches beschäftigen werden, nutzt Kontemplation, Mantra-Singen oder das Erstellen von Mandalas und konzentriert sich besonders auf die Atmung. Mit ihrer Hilfe soll das körperliche, emotionale und seelische Bewusstsein erweckt und die Gedanken hin zur Reinheit gelenkt werden.

Die Kontrolle über die eigenen Gefühle, die Versöhnung mit sich selbst und das Akzeptieren von Konflikten sind die Ausgangspunkte für Veränderung auf dem Weg zum eigenen Nirwana. Regelmäßiges Meditieren, Resilienz, Empathie und Mitleid zu pflegen, Loslösung zu fördern, den gegenwärtigen Augenblick bewusst zu erleben und gesunde Gewohnheiten anzunehmen: All das kann uns helfen, unserem kostbarsten »Besitz«, dem Geist, Klarheit zu verschaffen.

Kurz gesagt, der Weg aus dem Samsara zum Nirwana ist ein Prozess der Selbstentdeckung, der zur Schönheit führt. Der Dichter Khalil Gibran hat hierfür wunderbar schlichte Worte gefunden: »Ja, es gibt ein Nirwana. Es liegt darin, deine Schafe zur grünen Weide zu führen, dein Kind schlafen zu legen und die letzte Zeile deines Gedichts zu schreiben.«

3. DAS GLÜCK PRAKTIZIEREN

Praktisches Wissen aus Indien zur Förderung ganzheitlichen Wohlbefindens

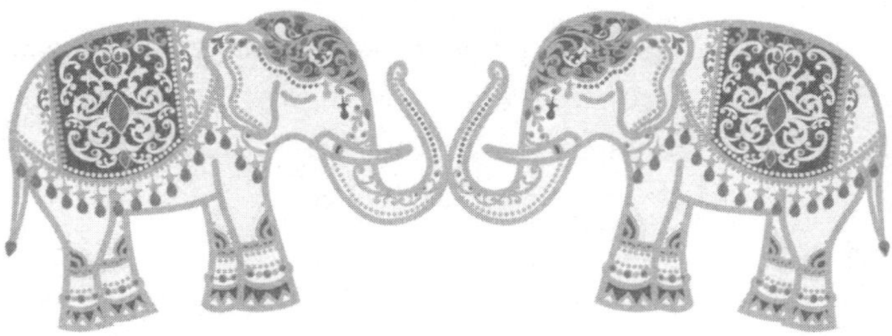

PRANAYAMA: ATMEN IST LEBEN

In den Achtzigerjahren führte die sogenannte Framingham-Herz-Studie zu einer verblüffenden Erkenntnis über das, was die Lebenserwartung eines Menschen entscheidend beeinflusst. In dieser Studie über Herzkrankheiten wurden über zwei Jahrzehnte hinweg die Daten von über fünftausend Personen gesammelt. Sie zeigten, dass der wichtigste Indikator für unsere Lebenserwartung nicht Genetik, Ernährung oder körperliche Betätigung ist, sondern die Lungenkapazität.

Nach mittlerweile siebzig Jahren Arbeit an der Studie steht heute eindeutig fest: *Eine größere Lunge bedeutet ein längeres Leben*. Somit trägt *eine höhere Lungenkapazität zur Lebensverlängerung und zu besserer Gesundheit* bei.

Die Steigerung der Lebensenergie

Als diese Ergebnisse in der westlichen Welt Aufsehen erregten, waren die Vorteile des achtsamen Atmens in Indien bereits seit mindestens fünftausend Jahren bekannt.

Im Yoga, das der Atmung besondere Beachtung schenkt, wurde dieser Vorgang *Pranayama* genannt. *Prana* bedeutet im Sanskrit »Lebensatem« oder »Lebenshauch«; *Ayama* bedeutet »Ausdehnung, Erweiterung«. Achtsames Atmen erweitert beziehungsweise stärkt also bestimmte Energien des Menschen und verlängert so sein Leben. Das Ergebnis der in den USA durchgeführten Studie bestätigt dies.

Laut einer anderen etymologischen Erklärung setzt sich Pranayama aus Prana und *Yama* zusammen. Yama bedeutet hier »Kontrolle«. Die Atemübungen im Yoga sind folglich auch eine Technik zur Kontrolle der eigenen Lebenskraft.

Swami Sivananda schrieb in seinem Buch *Die Wissenschaft des Pranayama*:

> »Alles, was sich bewegt, aktiv ist oder Leben besitzt, ist die Manifestation des Prana.«

Die Wissenschaft vom Atem

Für die unwillkürliche Steuerung der meisten inneren Organe ist der Parasympathikus beziehungsweise das parasympathische Nervensystem zuständig. Wenn wir frei von

Stress und Ängsten sind, befinden wir uns in einem sogenannten *homöostatischen* Zustand.

Der Verlust dieser *Homöostase*, dieses Gleichgewichtszustands, kann Lethargie, Apathie und Depression zur Folge haben. Oder das Gegenteil tritt ein; nämlich, dass wir schon bei einer eher anspruchslosen Tätigkeit in Unruhe und Stress geraten.

Aus diesem Tief herauszukommen, ist nicht einfach, wenn das Zusammenspiel von Sympathikus und Parasympathikus aus dem Gleichgewicht geraten ist. Wie kann man aber die Kontrolle über ein System zurückgewinnen, das theoretisch »unkontrollierbar« ist?

Dies gelingt allein durch die Atmung. Normalerweise müssen wir nicht bewusst auf unsere Atmung achten, doch wir können beschließen, sie zu kontrollieren.

> Atemkontrolle → Einfluss auf den Parasympathikus → Regulierung von Wachsamkeits- oder Stresszuständen (zum Beispiel durch Verringerung oder Erhöhung der Anzahl der Herzschläge pro Minute)

Die Atmung lässt sich mittels unendlich vieler Techniken und Übungen kontrollieren. Im Folgenden werden wir das *Surya Bhedana* (die sogenannte Sonnenatmung) sowie die Quadratatmung *(Boxatmung)* erklären.

Welche Atemübung eignet sich am ehesten für dich? Bevor du es herauszufinden versuchst, wollen wir dich mit einigen allgemeinen Regeln vertraut machen. Bei der Atemkontrolle lassen sich vier Faktoren beeinflussen:

1. Ob man durch die Nase oder durch den Mund atmet. Prinzipiell sollte man durch die Nase atmen oder zumindest durch die Nase einatmen und durch den Mund ausatmen.
2. Die Menge an Luft, die man ein- und ausatmet.
3. Die Art, wie man ein- und ausatmet; ob man stärker in den Bauch oder in die Brust atmet.
4. In welchem Rhythmus man einatmet, die Luft anhält und wieder ausatmet.

Für die Atemkontrolle ist diese vierte Komponente ausschlaggebend. Die folgende Grafik macht dies deutlich:

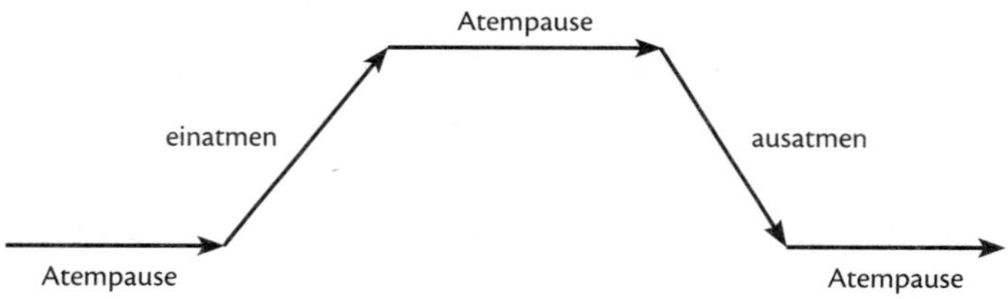

Phasen der Brustatmung

Hier erklären wir dir, wie du je nach deiner Gemütsverfassung am besten atmen solltest:

a. Wenn du dich träge und ohne Energie fühlst und aktiv werden möchtest, sollte die *Einatmungsphase* länger dauern als die *Ausatmungsphase*.
b. Wenn du dich sehr unruhig fühlst und dich entspannen möchtest, sollte die *Ausatmungsphase* länger dauern als die *Einatmungsphase*.

c. Wenn du dich nicht konzentrieren kannst und Sorgen dich plagen, sollten *Ausatmungs-* und *Einatmungsphase* gleich lang dauern.

Drei vereinfachte Beispiele, die den Mustern a, b und c entsprechen:

a. *Fünf Sekunden einatmen und zwei Sekunden ausatmen* (5:2). Hilft gegen Trägheit, zum Beispiel wenn man keine Lust zu körperlicher Betätigung hat, aber dennoch »in Gang kommen« will.
b. *Drei Sekunden einatmen und sieben Sekunden ausatmen* (3:7). Hilft, sich zu entspannen, wenn man sich ängstlich fühlt, zum Beispiel vor dem Einschlafen oder wenn sich eine Panikattacke ankündigt.
c. *Fünf Sekunden einatmen und fünf Sekunden ausatmen* (5:5). Hilft in Momenten, in denen man sich unsicher oder entscheidungsunfähig fühlt und sich nicht konzentrieren kann. Wenn man mit dem Lernen oder mit einer kreativen Tätigkeit beginnen will, empfiehlt es sich, zuvor eine Minute lang fünf Sekunden einzuatmen und fünf Sekunden auszuatmen.

Zwar genügt für diese Übungen eine Uhr mit Sekundenzeiger; die meisten Smartwatches bieten aber auch Atem-Apps an, in denen man zwischen verschiedenen Übungsarten auswählen kann, die in der Regel unseren drei Musterbeispielen entsprechen. Dann braucht man nur noch dem vorgegebenen Rhythmus zu folgen.

HA, DER ATEM DES LEBENS

Nicht nur in Indien, mit dessen Tradition wir uns in diesem Kapitel befassen, auch in anderen Weltgegenden nimmt die Atmung in der Lebensweise der Menschen eine zentrale Rolle ein. Auf Hawaii zum Beispiel tauschte man früher bei der Begrüßung das sogenannte »Ha« aus, das für den »Atem des Lebens« steht. Dabei berührte man sich mit der Nase und atmete gleichzeitig ein. Den Hauch des Lebens zu teilen, ist die innigste Form der Verbrüderung. In der hawaiianischen Kultur wird die Atmung als einer der Schlüssel zu guter Gesundheit gesehen; dort glauben die Menschen, die Luft besitze *Mana* (spirituelle Kraft).

Surya Bhedana

Es gibt acht klassische Pranayama-Übungen. Am meisten wird aber wohl das *Surya Bhedana* praktiziert.

Surya bedeutet »Sonne« und Bhedana »eindringen« oder »hineingehen«. Der Name der Übung rührt daher, dass in der Yogatradition das rechte Nasenloch beziehungsweise *Pingala Nadi* die Eingangspforte der Sonnenenergie ist. Ihr Gegenstück, das linke Nasenloch beziehungsweise *Ida Nadi*, ist die Eingangspforte der Mondenergie. Die Sonnenenergie breitet sich als warme oder männliche Lebenskraft im Körper aus, während die Mondenergie Ruhe oder weibliche Lebenskraft spendet.

Da Surya Bhedana anregend wirken soll, praktiziert man es am besten frühmorgens. Es stimuliert die inneren Organe im Bereich des Bauchnabels sowie das sogenannte Wurzelchakra und weckt so die kraftvolle *Kundalini*-Energie.

Prana dringt in Form von Sonnenenergie (Surya) durch das rechte Nasenloch in den Körper ein (Bhedana).

Surya Bhedana Schritt für Schritt

1. Setze dich mit gekreuzten Beinen auf deine Matte, entweder im *Sukhasana* (einfacher Schneidersitz) oder im *Padmasana* (Lotussitz). Achte darauf, dass deine Wirbelsäule und dein Kopf eine gerade Linie bilden. So kann die Energie leichter durch den Körper fließen.

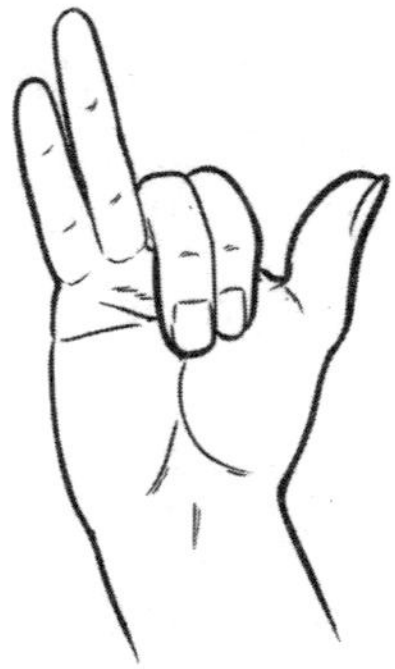

Vishnu Mudra

2. Führe mit der linken Hand Vishnu Mudra aus: Dabei berühren sich Zeigefinger und Daumen und bilden einen Kreis, während die anderen drei Finger gestreckt bleiben.

Gyan Mudra

3. Führe mit der rechten Hand Gyan Mudra aus: Dabei beugst du Zeige- und Mittelfinger, während Daumen, Ringfinger und kleiner Finger gestreckt bleiben.
4. Führe die Hand nun zum linken Nasenloch und verschließe es mit dem Ringfinger.
5. Atme durch das rechte Nasenloch ein.
6. Schließe mit dem Daumen auch das rechte Nasenloch und halte den Atem an.
7. Öffne das linke Nasenloch und atme aus.
   - Atme zehnmal nach diesem Muster (einatmen – Luft anhalten – ausatmen) und entsprechend deinem Übungsniveau: Anfängerniveau: 1:1:1.
   - Fortgeschrittenenniveau: 1:4:2. Das heißt, wenn du eine Sekunde lang einatmest, halte die Luft vier Sekunden lang an und atme zwei Sekunden lang aus. Nachdem du zwei Wochen auf Anfängerniveau geübt hast, kannst du zum Fortgeschrittenenniveau wechseln.

ATMUNG ALS INSTRUMENT

Eine einfache Regel im Zusammenhang mit der Atmung lautet: Längeres Ein- als Ausatmen belebt und wärmt auf; das Herz schlägt schneller. Deshalb wird diese Art der Atmung manchmal auch »Feueratem« genannt und morgens praktiziert. Sie wirkt wie eine Tasse Kaffee. Bei dieser Atmung dringt vermehrt Sauerstoff ins Blut.

Längeres Aus- als Einatmen wirkt dagegen entspannend. Diese Form der Atmung praktiziert man am Ende einer Yogastunde, wenn man ausgestreckt auf der Matte liegt.

Eine andere Art zu atmen ist die Boxatmung, die sogenannte Quadratatmung, die im militärischen Bereich für Kampfsituationen entwickelt wurde. Dabei sind alle Atemphasen gleich lang. Sie kann zudem in Angstsituationen als Entspannungstechnik dienen und eignet sich sehr gut, um etwa im Flugzeug einer Panikattacke vorzubeugen. Die Übung ist einfach:

1. Atme vier Sekunden lang ein.
2. Halte die Luft vier Sekunden lang an.
3. Atme vier Sekunden lang aus.

Diese 4:4:4-Technik ist ideal für nervöse oder angstgeplagte Menschen, da sie das durch Angst ausgelöste Hyperventilieren verhindert.

Wenn man nervös ist, neigt man dazu zu hyperventilieren – man macht also genau das Gegenteil dessen, was einen gelassener werden lässt.

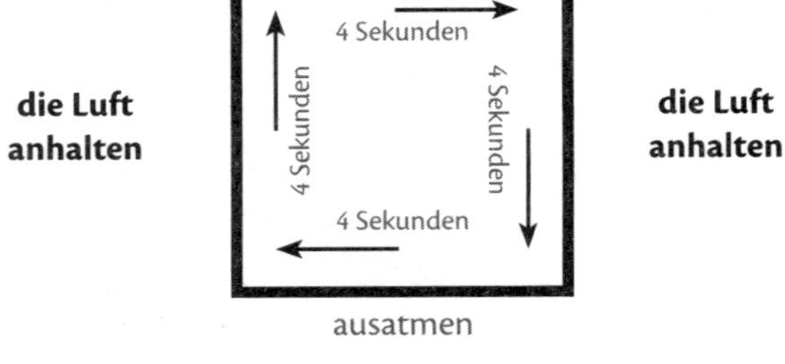

Sitali Pranayama

Während Surya Bhedana anregend wirkt, den Körper in Schwung bringt und ihn wärmt, geschieht bei *Sitali Pranayama* das Gegenteil. Sitali wird auch *Sheetali* geschrieben, und *Sheet* bedeutet im Sanskrit »kalt«.

Sitali, auch bekannt als kühlende und beruhigende Atmung, ist ideal, wenn man sich nach einem anstrengenden Tag körperlich entspannen will. Übt man diese Atemweise regelmäßig, reinigt sie den Körper und vermag Gifte, Stress, übermäßige Hitze und erschöpfende Emotionen wie zum Beispiel Wut zu eliminieren.

Sitali Pranayama Schritt für Schritt

1. Setze dich mit gekreuzten Beinen, im Schneidersitz oder im Lotussitz, auf deine Matte. Halte Rücken und Kopf

gerade. Um die Wirkung der Übung noch zu steigern, kannst du mit den Händen Gyan Mudra bilden.

2. Atme dreimal tief durch den Mund ein und durch die Nase aus, um dich auf die Sitali-Atmung vorzubereiten.
3. Strecke die Zunge aus dem Mund und rolle sie an beiden Seiten hoch, sodass sich ein U beziehungsweise eine Art Röhre bildet.
4. Atme durch die u-förmige Zunge ein und senke gegen Ende der Einatmung das Kinn so weit wie möglich zur Brust. Dabei verschließt sich die Kehle, was man *Jalandhara Bandha* nennt.
5. Halte in dieser Position sechs bis acht Sekunden den Atem an.
6. Bevor du ausatmest, hebe das Kinn wieder an, ziehe die Zunge zurück und schließe den Mund. Atme nun durch die Nasenlöcher aus. Damit ist ein Durchgang der Sitali-Atmung abgeschlossen.

Praktiziere Sitali Pranayama zwei oder drei Minuten lang; dann atme wieder eine Minute lang normal und führe erneut zwei oder drei Minuten oder so lange, bis du dich wohlfühlst, Sitali Pranayama durch.

Das Verhältnis von Ein- und Ausatmung sollte anfangs 4:6 betragen. Nach einigen Tagen kannst du dieses Verhältnis auf 4:8, 5:10 oder 6:12 ausdehnen.

Eine noch bessere Wirkung der Pranayama-Übungen erzielt man, wenn es einem gelingt, seinen Körper mittels Yogastellungen, sogenannten Asanas, zu kontrollieren.

Stelle dir eine Flasche Wasser vor: Das Wasser ist Prana und die Flasche dein Körper. Wie *ruhig* das Wasser ist, hängt von der Balance der Flasche ab. Steht sie instabil, gerät das Wasser in Bewegung. Genauso kann Prana sich nicht mittels Pranayama stabilisieren, solange der Körper nicht dank der Asanas eine stabile Haltung einnimmt.

Im nächsten Kapitel werden wir über modernes Yoga und dessen Auswirkungen auf den Energiefluss in unserem Körper sprechen.

YOGA: KÖRPER, SEELE UND GEIST VERBINDEN

Yoga ist eine uralte Lehre, die ursprünglich Meditation, Atmung und Visualisierungen in den Mittelpunkt stellte. Im Westen assoziieren wir Yoga heute dagegen mit seinen zahlreichen Asanas, die dem Körper Geschmeidigkeit und Kraft verleihen und seinen Energiefluss stärken.

Die Fundamente des Yoga finden sich in den heiligen Texten des Hinduismus, den Veden, konkreter in den Upanishaden. Die Texte, in denen es um Yogaübungen geht, wurden zwischen achthundert und fünfhundert vor Christus auf Sanskrit verfasst, wohingegen die Quellen des Yoga, die im Norden Indiens liegen, sogar fünftausend Jahre alt sind. Jahrtausende lang bestand Yoga im Wesentlichen in Meditation, verbunden mit der einen oder anderen Körperhaltung, damit der Körper durch das stundenlange Verharren im Lotussitz nicht steif wurde. So hat auch Swami Vivekananda, der Yoga gegen Ende des neunzehnten Jahrhunderts im Westen bekannt machte, in seinen ersten Unterrichtsstunden keine Asanas gelehrt.

Wie hat sich Yoga zu dem entwickelt, was es heute ist?

Die westliche Version

Wie der englische Wissenschaftler Mark Singleton in seinem Buch *Yoga Body* schreibt, war es die skandinavische Gymnastik, die den Werdegang des Yoga anhaltend beeinflusst hat.

Ende des neunzehnten Jahrhunderts hatte sich die in Europa praktizierte Körperertüchtigung unter dem Einfluss der schwedischen und dänischen Gymnastik fundamental gewandelt und bildete nun sogar in allen Militärschulen des Kontinents die Basis für das Konditionstraining. Die Begeisterung für skandinavische Gymnastik gelangte auch nach Indien – damals noch eine britische Kolonie – und war dort 1920 bereits die beliebteste Form körperlicher Ertüchtigung.

Aus dieser Mischung von Körperkult und Meditationstradition entwickelte sich das Yoga, wie wir es heute kennen.

Swami Vishnudevananda, ein Schüler des Yogagurus Swami Sivananda, war in der Folge wesentlich mitverantwortlich für die Ausbreitung dieser Disziplin im Westen. 1957 ging er nach Kalifornien und gründete bald überall in den USA, Kanada und Neuseeland Aschrams und Yogazentren.

Ihm zufolge besitzt Yoga fünf Hauptsäulen:

- Asanas (Körperstellungen)
- Atmung (Pranayama)
- Entspannung *(Savasana)*
- vegetarische Ernährung
- positives Denken und Meditation (*Vedanta* und *Dhyana*)

Man sollte sich also nicht nur auf das Trainieren körperlicher Flexibilität konzentrieren. Das eigentliche Ziel des Yoga ist nach wie vor die Erlangung von innerem Gleichgewicht und seelischem Frieden. Gemäß der Bedeutung der Sanskrit-Wurzel, *yuj*, was »anjochen, zusammenbinden« heißt, geht es beim Yoga darum, Körper, Seele und Geist miteinander zu verbinden.

ACROYOGA

Bei dieser Variante werden, wie der Name bereits andeutet, Yoga und Akrobatik kombiniert. Sie entstand Anfang des einundzwanzigsten Jahrhunderts in den Vereinigten Staaten und Kanada, wenngleich man in einem Film über den Yogalehrer T. Krishnamacharya sehen kann, wie dieser schon 1938 mit einem Kind Acroyoga praktiziert.

Für die Ausübung dieses speziellen Yogastils sind immer zwei Personen nötig. Die erste wird *Base* genannt, da sie als Basis für die zweite Person, den sogenannten *Flyer*, fungiert. Letzterer nimmt die komplizierten Stellungen ein, während die »Basis« ihn mit Füßen oder Armen oder mit beidem hält.

Die Übung »Herabschauender Hund«

In unserem Buch *Ikigai: Gesund und glücklich hundert werden* haben wir *Surya Namaskar*, den sogenannten Sonnengruß, vorgestellt; eine Übung zur Stärkung des Körpers und um gut in den Tag zu starten.

Der Sonnengruß ist sicher die bekannteste Stellungsabfolge im Yoga. Er verknüpft in einer harmonischen Choreografie meist zwölf Asanas miteinander.

Mit diesen verschiedenen Positionen würdigt man Erde und Sonne, weibliche und männliche Energie. Zehn Minuten täglich genügen, um mit Surya Namaskar den Körper aufzuwärmen. Die Übung eignet sich auch als Vorbereitung für kompliziertere Asanas.

Im vorliegenden Buch möchten wir dich nun mit der Haltung des »herabschauenden Hundes«, im Sanskrit *Adhomukha Shvanasana*, vertraut machen. Im Yoga ist sie eine der elementarsten und am meisten praktizierten Asanas und gehört zu den Positionen des Sonnengrußes.

Neben seinen vielen Wohltaten für den Rücken und ganz allgemein für die Elastizität des Körpers ist der »herabschauende Hund« eine der einfachsten Übungen und damit bestens geeignet für jedes Übungslevel. Wenn du sie täglich einige Minuten machst (am besten abwechselnd mit anderen Asanas, um zu vermeiden, dass sich zu viel Blut im Kopf staut), wird sich dein Blutdruck senken und deine Arm- und Beinmuskeln werden an Kraft gewinnen. Außerdem wird sich die gesamte Wirbelsäule dehnen, Schmerzen in Schultern, Lendenbereich und Nacken werden nachlassen und dein Stresslevel sinken.

Auch wenn der »herabschauende Hund« eine der einfachsten Asanas ist, solltest du dabei behutsam vorgehen, um sie richtig und ohne Verletzungsrisiko auszuführen:

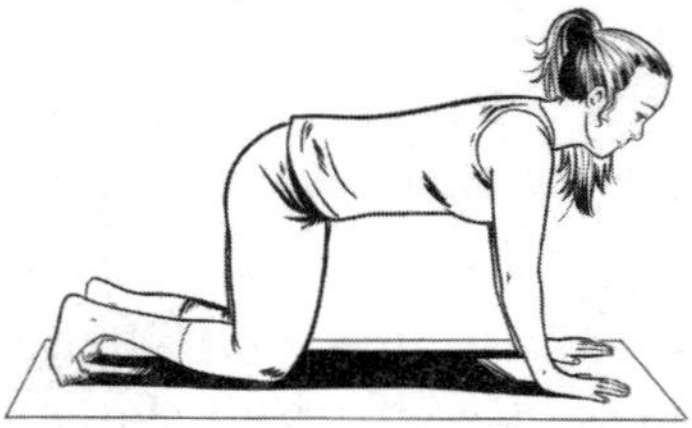

1. Nimm zunächst den Vierfüßlerstand ein, indem du Knie und Handflächen auf der Matte aufstützt. Atme ein.

2. Strecke deine Knie und hebe die Hüfte an, sodass dein Körper ein umgedrehtes V bildet. Atme aus.

3. Atme wieder ein, während deine Hände mit gespreizten Fingern gut auf der Matte aufgestützt sind. Die Hände sollten sich auf einer Linie mit Hüften und Füßen befinden und dir das Gefühl vermitteln, dass dein Körper eine solide Basis hat und dein Gewicht sich gleichmäßig auf Hände und Füße verteilen kann.

4. Atme aus und konzentriere dich dabei auf deine Fersen. Idealerweise sollten sie den Boden berühren, sodass die Füße ganz flach stehen. Falls du Anfänger beziehungsweise Anfängerin bist, ist es normal, dass dir das noch nicht gelingt. Du kannst die Fersen also ruhig etwas über dem Boden halten oder die Knie leicht beugen. Bemühe dich täglich, die angestrebte Position der Fersen auf der Matte zu verbessern. In dieser Haltung verharrst du dreißig Sekunden und atmest dabei rhythmisch ein und aus.

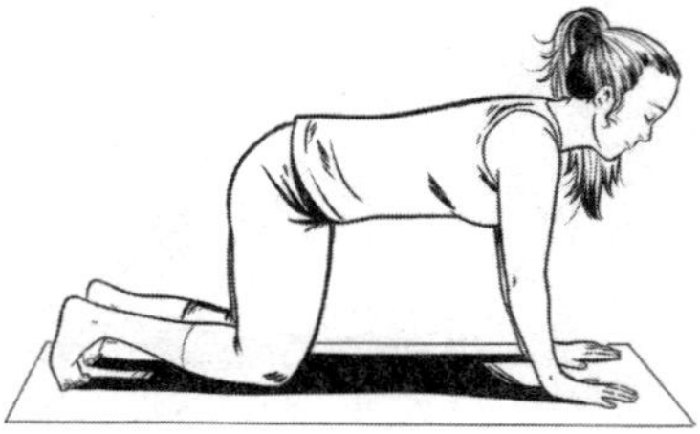

5. Beuge die Knie und nimm wieder die Anfangsposition auf allen vieren ein.

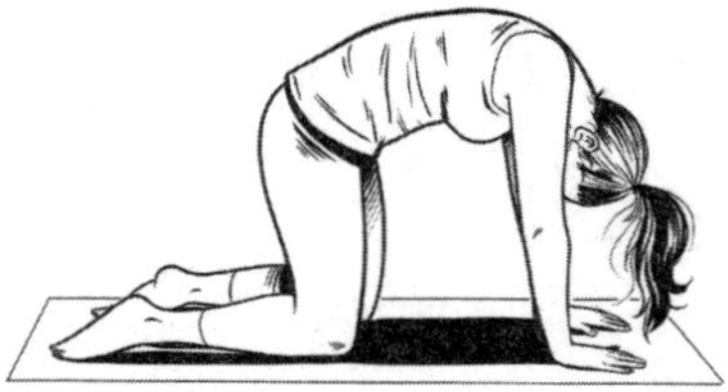

6. Mache nun einen Rundrücken oder Katzenbuckel und drücke danach den Rücken wieder durch, sodass du in der sogenannte Kuhposition bist.

7. Wiederhole die gesamte Abfolge, indem du erneut die Haltung des herabschauenden Hundes einnimmst.

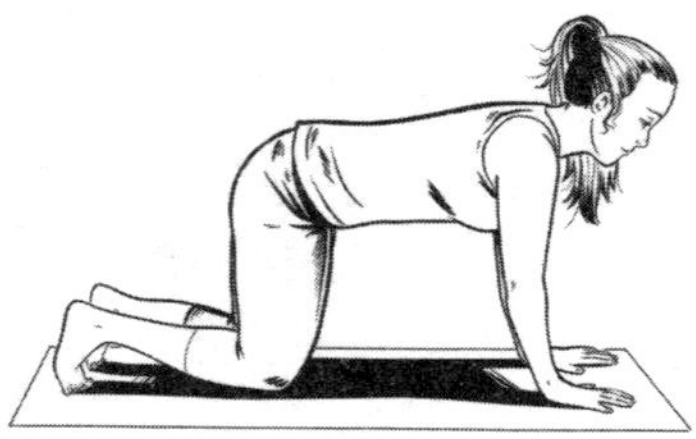

8. Nimm nach mehreren Durchgängen, die du beliebig oft wiederholen kannst, erneut den neutralen Vierfüßlerstand ein.

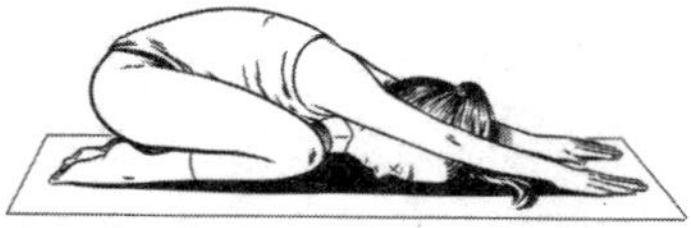

9. Setze dich zum Schluss auf deine Unterschenkel und neige den Oberkörper ganz nach vorn. Diese Position heißt *Balasana* oder die »Stellung des Kindes«. Verharre eine Weile in dieser Haltung, bei der deine Stirn die Matte berührt.

»Yoga ist Indiens Geschenk an die Welt.«
Narendra Modi, indischer Premierminister

AYURVEDA:
DIE URALTE HEILKUNDE

Vor etwa fünftausend Jahren hat sich in Indien nicht nur Yoga, sondern auch Ayurveda entwickelt, dessen Wurzeln ebenfalls in den vedischen Texten liegen, den heiligen hinduistischen Schriften.

Diese traditionelle indische Heilkunde ist darauf ausgerichtet, die Energie im Körper ins Gleichgewicht zu bringen, um Krankheiten vorzubeugen. Im Sanskrit bedeutet *Veda* »Wissen« und *Ayur* »Leben«. Ayurveda kann also mit Lebenswissen übersetzt werden.

Die drei Doshas

Laut der Ayurveda-Lehre hat jeder Mensch drei verschiedene *Doshas* (oder Körpersäfte beziehungsweise Lebensenergien), und zwar *Vata*, *Pitta* und *Kapha*. Eines dieser Doshas ist im Organismus immer präsenter als die anderen.

Je nachdem, welches Dosha bei einer Person also »dominant« ist, benötigt diese unterschiedliche Nahrungsmittel, körperliche Übungen oder auch psychologische Aufmerksamkeit, damit ihr Organismus optimal funktioniert. Guady Ruiz-Giménez schreibt in seinem Buch *El arte de envejecer bellamente* (dt. Die Kunst, schön zu altern): »Die Doshas sind eine Art energetisches Enneagramm. Ein indischer Arzt oder Therapeut erkennt bei einer Untersuchung dein vorherrschendes Dosha und gibt dir entsprechende Ernährungs- und Gesundheitsratschläge.«

Laut Ayurveda beruhen die Doshas auf den fünf Elementen Erde, Wasser, Luft, Feuer und Äther.

Vata ist Luft und Äther.

Kapha ist Erde und Wasser.

Pitta ist Feuer und Wasser.

Weiter unten werden wir auf das Charakteristische jedes der drei Doshas eingehen. So kannst du dein eigenes Dosha herausfinden und erfährst, wie du es pflegen solltest, um Ungleichgewichte zu vermeiden. Auf den ersten Blick entspricht Vata dem schlanken, Pitta dem mittelschweren und Kapha dem schweren, robusten Körperbau; aber es gibt viele Zwischenformen.

Wir werden uns nun jedes Dosha einzeln anschauen.

Wie ist das Vata-Dosha?

Luft und Äther bewegen die Energie; wobei Vata im Körper jene Energie ist, die Atmung, Blut und Ausscheidungsprozesse in Gang hält.

Vata-Personen sind neugierig, intelligent und geistig rege. Sie sind stets in Bewegung und probieren gern Neues aus. Sie sind so kreativ, dass sie andere mit ihrer Leidenschaft für das Leben inspirieren. Sie begnügen sich nicht damit, nur einen einzigen Weg einzuschlagen, sondern wollen alle Wege gehen, was sie meist auch erfolgreich tun.

Im Zustand des Gleichgewichts sind sie enthusiastisch, kreativ, flexibel und antriebsstark. Zu viel Vata dagegen kann zu Schlaflosigkeit führen, ebenso zu Angst und der Unfähigkeit, mit Stress umzugehen. Die Betroffenen geben sich dann unter Umständen die Schuld für Dinge, die sie nicht zu verantworten haben, und fühlen sich miserabel.

Was die körperliche Seite betrifft, so sind Vata-Personen schlank gebaut, haben schmale Knochen und sind beweglich. Zu viel Vata im Körper kann Müdigkeit, Schwäche, Bluthochdruck, Verstopfung, Gewichtsverlust oder Verdauungsprobleme zur Folge haben.

Da Vata eine Kombination aus Luft und Äther ist, kann ein Zuviel dazu führen, dass der Energiefluss übermäßig stimuliert wird und wie ein kräftiger Wind schließlich das ganze Haus verwüstet. Dem kann man entgegenwirken, indem man regelmäßige Essenszeiten einhält und zur Entschleunigung Meditation praktiziert.

Für Vata empfohlene Diät

Der ständige Bewegungsdrang von Vata-Personen führt häufig dazu, dass sie sich selbst vernachlässigen, Mahlzeiten ausfallen lassen, leicht an Gewicht verlieren und dass ihr Energiehaushalt und ihre Gesundheit nicht im Gleichgewicht sind.

Drei nahrhafte Mahlzeiten zu sich zu nehmen, um das eigene Aktivitätsniveau aufrechtzuerhalten, und zwar zu festen Uhrzeiten, ist für Vata-Personen sehr wichtig, damit sie ihr inneres Gleichgewicht wahren. In der folgenden Tabelle werden wir sehen, welche Nahrungsmittel gut für sie sind.

OPTIMAL	NICHT ZU EMPFEHLEN
gesunde Fette und Öle (Ghee, natives Olivenöl extra)	Hülsenfrüchte
Reis, Weizen	Tofu
fettarme Milchprodukte, warme Milch	rohe, trockene oder kalte Nahrungsmittel
Trockenfrüchte, gekochtes Gemüse, reichhaltige Früchte (Banane, Avocado, Kokosnuss)	bittere Nahrungsmittel
wärmende Gewürze	Koffein
warme und gekochte Speisen	
süße Nahrungsmittel	

Für Vata-Personen empfohlener Lebensstil

Bei diesem Dosha ist es für die Betreffenden sehr wichtig, dass sie der eigenen Gesundheit und dem eigenen Wohlbefinden zuliebe einen festen Tagesablauf einhalten und auf Stabilität achten. Auch sollte ihr Körper nicht auskühlen. Wichtig sind ausreichender Schlaf und das Meiden von trockenem Klima und klimatisierter Luft. Man sagt, es tue ihnen gut, klassische Musik zu hören. Allzu anstrengende körperliche Betätigung sollten sie meiden. Überdies wird ihnen geraten, einen Luftbefeuchter in der Wohnung zu haben.

Vata-Personen ermüden schnell und verlieren leicht an Gewicht, weshalb anstrengende Herz-Kreislauf-Aktivitäten für sie nicht geeignet sind. Die idealen Sportarten für diese Menschen sind zum Beispiel Golf, Tennis, Tai-Chi, Yoga oder Tanz sowie leichte Wanderungen oder Fahrradfahren auf ebenem Gelände.

Wie ist das Kapha-Dosha?

Bei Kapha treffen das Erd- und das Wasserelement aufeinander. Charakteristisch für Kapha ist daher, dass es ähnlich formbar ist wie Ton und für Festigkeit und Zusammenhalt sorgt. Im Körper ist Kapha die Energie, die Zellen, Knochen, Muskeln und Fett verbindet.

Zu viel Kapha kann den Energiefluss im Körper verlangsamen. Das entstehende Ungleichgewicht muss dann korrigiert werden, damit Bewegung und Geschmeidigkeit gewährleistet sind.

Personen mit einem dominanten Kapha-Dosha sind mitfühlend und haben stets ein offenes Ohr, weshalb man ihnen gut Probleme anvertrauen kann. Ihre eigenen behalten sie dagegen lieber für sich, da es ihnen schwerfällt, Gefühle auszudrücken. Von Natur aus sind sie hilfsbereit und oftmals Freunde fürs Leben.

Der Kapha-Typ ist liebenswert, ruhig und rücksichtsvoll. Bisweilen kann man ihn wegen seiner natürlichen Ausgeglichenheit langweilig finden. Wenn er innerlich im Gleichgewicht ist, ist er loyal, beständig und lebenslustig. Zu viel Kapha dagegen kann Unsicherheit, Anhaftung und Depressionen hervorrufen.

Menschen mit einer primären Kapha-Konstitution haben in der Regel einen kräftigen Körper, der gut mit Feuchtigkeit versorgt ist. Das bedeutet, sie haben gut befeuchtete Augen, kräftiges, gesundes Haar und ölige Haut. Wenn ihr inneres Gleichgewicht stimmt, funktioniert ihre Verdauung bestens und sie haben einen gesunden Schlaf. Zu viel Kapha dagegen kann zu Lungenproblemen, Übergewicht, Erkältungen, exzessiver Schleimproduktion und Schilddrüsenproblemen führen. Kapha-Personen haben meistens kalte Hände und Füße.

Für Kapha-Personen empfohlene Diät

OPTIMAL	NICHT ZU EMPFEHLEN
warme, leichte und trockene Speisen	Milchprodukte
Gerste, Roggen, Buchweizen	Nüsse
Trockenfrüchte	Kerne und Samen
Obst und Gemüse	rotes Fleisch
wärmende Gewürze	fette Nahrungsmittel
natives Olivenöl extra, Ghee	

Für Kapha-Personen empfohlener Lebensstil

Personen mit diesem Dosha sollten ihre Mahlzeiten in ruhiger und friedlicher Atmosphäre einnehmen, ohne Stress oder Überraschungen, die destabilisierend auf sie wirken.

Da Kapha-dominierte Menschen sich nicht gern bewegen, wird ihnen zu dynamischer sportlicher Betätigung geraten, etwa zu Herz-Kreislauf-Training, Kraft- und Konditionstraining oder Aerobic.

Es ist wichtig, dass dieser Typus auch geistig nicht stagniert. Daher tun ihm intellektuell herausfordernde Tätigkeiten gut.

Aufgrund seiner Konstitution sollte er sich warm und trocken halten, fern von kalten, feuchten Umgebungen.

Wie ist das Pitta-Dosha?

Feuer und Wasser heben einander auf und verflüchtigen sich. Deshalb ist Pitta auf körperlicher Ebene die sich wandelnde Energie. Personen, bei denen dieses Dosha vorherrscht, sind aktiv, haben eine athletische Figur und viel Energie. Sie schlafen wenig, aber tief.

Pitta-Typen sind leidenschaftlich, haben einen scharfen Intellekt und sind sehr konzentrationsfähig. Wenn sie innerlich im Gleichgewicht sind, können sie gut Entscheidungen treffen, sind talentierte Redner und Lehrer, manche von ihnen auch geborene Führungspersönlichkeiten.

Ein Zuviel an Pitta führt allerdings dazu, dass die Betroffenen wegen allem und jedem Streit suchen, leicht aus der Haut fahren, bisweilen kontrollsüchtig und voreingenommen sind.

Was den körperlichen Aspekt betrifft, so sind Pitta-Personen eher mittelgroß und haben einen guten Muskeltonus. Zudem besitzen sie mit Wärme verbundene Eigenschaften: frühzeitigen Haarausfall, oftmals rötliches Haar, Körperfülle, einen starken Sexualdrang, eine eher hohe Körpertemperatur und mächtigen Appetit.

Sind sie im Gleichgewicht, haben sie eine ausgezeichnete Verdauung und eine reine Haut. Zu viel Pitta dagegen kann Entzündungen, Verdauungsbeschwerden, Geschwüre und Hautausschläge verursachen.

Auf psychischer Ebene weist das Pitta-Dosha einen Nachteil auf: Pitta-Personen sind leicht reizbar. Ihr Übermaß an innerer Hitze kann zur Entstehung von Akne und Hautausschlägen sowie Leberflecken führen. Bei innerem

Ungleichgewicht können Schlafprobleme sowie Darm- und Verdauungsprobleme auftreten.

Wegen ihrer direkten Art neigen sie gelegentlich zu einer groben Ausdrucksweise.

Für Pitta-Personen empfohlene Diät

OPTIMAL	NICHT ZU EMPFEHLEN
Kräutertees (Hagebutte, Pfefferminz und Kamille)	Essig
Hülsenfrüchte (Linsen, Kichererbsen)	gesalzene Trockenfrüchte
Samen und Kerne, Sonnenblumenöl	Alkohol, Koffein
Heidelbeeren, Melonen	Hartkäse
Grünkohl, Brokkoli	Tomaten, Knoblauch, Paprika, Zwiebeln
Cumin (Kreuzkümmel), Koriander, Fenchel (kühlen den Verdauungstrakt)	Pikantes, Gebratenes
Gerste, Hafer	Wurstaufschnitt
erfrischende, süße oder bittere Nahrungsmittel	salzige, saure und scharfe Nahrungsmittel
	Milchprodukte

Menschen mit zu viel Pitta sollten vor allem auf Abkühlung achten und darauf, ihren Energiefluss zu stabilisieren. Sehr hilfreich können für sie regelmäßig eingenommene Mahlzeiten sein, am besten dreimal täglich zu festen Uhrzeiten. Sie sollten maßvoll essen und nicht zwischendurch naschen, damit sie das innere Feuer ihres Dosha nicht noch stärker anheizen.

Dem Pitta-Typ tut besonders die erfrischende Sitali-Atmung gut, die wir im Kapitel über Pranayama beschrieben haben. Wohltuend wirken sich bei ihm auch Aktivitäten wie Schwimmen, Meditation, Yoga und Wanderungen in der Natur aus.

Pitta-Personen sollten jedoch übermäßig kompetitive Sportarten meiden, ebenso Sonnenbäder, da sie leicht einen Sonnenbrand bekommen.

Kurkuma: das goldene Gewürz

Im letzten Teil dieses Kapitels über Ernährung werden wir uns mit einem in der indischen Küche heiligen Gewürz befassen: dem Kurkuma. Da man ihm Heilkräfte zuschreibt, weckt es mittlerweile weltweit immer größeres Interesse.

Marco Polo war begeistert von den zahlreichen Gewürzen, auf die er während seiner Reisen durch die Regionen des heutigen Indien stieß. Im Jahr 1280 beschrieb er in seinem Tagebuch das Gewürz Kurkuma: »Es gibt eine Pflanze, die sämtliche Eigenschaften des Safrans besitzt, sowohl den Geruch als auch die Farbe, die aber nicht wirklich Safran ist.«

Damals war Kurkuma, ein aus der Kurkumapflanze beziehungsweise dem Indischen Gelbwurz gewonnenes Pulver, im Westen so gut wie unbekannt. Heute wird es auf der ganzen Welt verzehrt. In Lateinamerika kennt man es als »Safran der Armen«, wie es schon Marco Polo genannt hatte.

Die Kurkumapflanze gehört zur Familie der Ingwergewächse, die in den warmen Regionen des indischen Subkontinents und in Südostasien gedeihen. Ihr wertvollster Teil ist der Wurzelstock, der meist gekocht, getrocknet und anschließend gemahlen wird. So entsteht das goldfarbene Pulver, das wir als Kurkuma kennen.

Es gibt historische Belege dafür, dass Kurkuma bereits vor sechstausend Jahren verwendet wurde. Während der Vedischen Zeit – zwischen fünfzehnhundert und fünfhundert vor Christus – breitete sich seine Verwendung aus und kam nicht nur in der Küche zum Einsatz, sondern auch als Färbemittel für Kleidung und als Bestandteil religiöser Rituale sowie in der Medizin und in der Kosmetik.

Heilwirkungen von Kurkuma

Von jeher wird Kurkuma in der ayurvedischen Heilkunde eingesetzt. Die Wohltaten und positiven Eigenschaften,die ihm im Rahmen dieser medizinischen Lehre zugeschriebenen werden, sind so vielfältig, dass sie inzwischen seit Jahrzehnten in medizinischen Laboren untersucht werden.

Das Interesse an der Erforschung der diversen Eigenschaften, welche die Kurkumapflanze und das aus ihr gewonnene Gewürz aufweisen, nimmt weiter zu. Zwischen 1985 und 2010 sind über dreitausend wissenschaftliche Artikel erschienen, die sich mit Kurkuma beschäftigt haben. Wissenschaftler versuchen nachzuweisen, inwiefern dessen traditionelle Anwendung bei so unterschiedlichen gesundheitlichen Problemen wie Verstopfung, Nierensteinen, Arthritis und Menstruationsbeschwerden wirklich gerechtfertigt ist.

Obwohl endgültige Ergebnisse noch ausstehen, scheint es, als sei Kurkuma tatsächlich ein starkes Antioxidans und ein entzündungshemmendes Mittel, das sogar Bakterien abzutöten vermag.

Hausrezept: Kurkuma-Ingwer-Trunk

Zum Abschluss unserer Ausführungen über Kurkuma wollen wir dir ein einfaches Rezept mitgeben, das uns auf unseren Reisen durch Okinawa begleitet hat. Die Lage dieser Inselgruppe im Süden Japans begünstigt das Gedeihen der Kurkumapflanze, weshalb das Gewürz zur traditionellen Küche Okinawas gehört.

Für die Zubereitung des Kurkuma-Ingwer-Trunks mischt man die unten angegebenen Zutaten in einer Flasche (oder einem anderen Behälter) und stellt diesen für vierundzwanzig Stunden in den Kühlschrank. Anschließend ist die Mischung trinkfertig.

- 2 Teelöffel Kurkuma
- frischer geriebener Ingwer (ca. 20 Gramm)
- 1 Prise Cayennepfeffer oder roten Pfeffer
- 1 Prise schwarzen Pfeffer
- 1 Löffel Honig
- Saft einer ganzen gepressten Zitrone; ersatzweise kann man auch den Saft einer anderen Zitrusfrucht verwenden
- 500 ml Wasser

CHAMPISSAGE:
DIE INDISCHE KOPFMASSAGE

Die *Champissage*, gemeinhin als *Champi* bekannt, bedeutet im Sanskrit »Kopfmassage« und wird in Indien seit über tausend Jahren therapeutisch zur Entspannung und energetischen Harmonisierung angewandt. Ihre Wurzeln liegen im Ayurveda, der Heilmethode, die wir im vorigen Kapitel vorgestellt haben und die darauf abzielt, Seele, Körper und Geist durch Wiederherstellung des energetischen Gleichgewichts in Einklang zu bringen.

Ursprünglich eine Massagetechnik für Kopfhaut und Haar, hat sich Champi mit der Zeit weiterentwickelt. Inzwischen werden dabei auch Schultern, Nacken und Gesicht miteinbezogen.

Dieser Wandel setzte Anfang der Siebzigerjahre ein, als der Manualtherapeut Narendra Mehta zum Studium der Physiotherapie nach England ging und dort die uralte Massagekunst bekannt machte.

DIE WUNDERHÄNDE EINES BLINDEN

Narendra Mehta, der seit seinem zweiten Lebensjahr blind war, wodurch sich sein Tastsinn ungewöhnlich stark entwickelt hatte, war der Erste, der in Großbritannien die Champissage anwandte. Dort wurde sie begeistert aufgenommen, und es entstand jene Version der indischen Kopfmassage, die wir heute kennen und bei der auch Schultern und Nacken massiert werden.

Nach Narendra Mehtas Tod betrieben seine Frau Kundan und sein Patensohn Moses Chundi das Massagezentrum weiter, das Mehta in London aufgebaut hatte und in dem bis heute Menschen aus aller Welt ausgebildet werden.

Eine mütterliche Massage

Die indische Massagetechnik geht auf eine in vielen Familien praktizierte Tradition zurück: In Indien war es üblich, dass Mütter ihren Töchtern regelmäßig den Kopf mit Mandel-, Kokos- oder Olivenöl einmassierten, um ihr Haar mit Nährstoffen zu versorgen und zu kräftigen. Es stellte sich heraus, dass dabei nicht nur das Haar revitalisiert wurde, sondern dass die Massage darüber hinaus viel Gutes bewirkte, wie wir weiter unten sehen werden.

Das häusliche Ritual wurde von indischen Barbieren übernommen, die ihren Kunden stets den Kopf massieren. Durch sie hat sich diese Praxis auch über Indien hinaus verbreitet und wird heute in vielen Friseursalons weltweit angeboten.

Falls dir dein Friseur oder deine Friseurin beim Haarewaschen schon einmal den Kopf massiert hat, wirst du wissen, dass dies ein sehr angenehmes Erlebnis ist; denn bei der Kopfmassage entspannen sich genau die Bereiche, die am ehesten von Anspannung und Stress in Mitleidenschaft gezogen werden: der obere Rücken, die Schultern, der Nacken, der Kopf und das Gesicht.

Die Wirkung der Champissage geht jedoch weit darüber hinaus: Wie bei einer Reflexzonenmassage des Schädels vermag sie alle Muskeln im Körper zu entspannen. Es stellt sich ein Wohlgefühl ein, das am Kopf beginnt und sich auf den gesamten Organismus ausdehnt; denn Champi stimuliert über die am Kopf befindlichen Energiepunkte die Heilung verschiedenster Körperbereiche. Eine Massage an der richtigen Stelle kann stressbedingte Schmerzen lindern und Ermüdungserscheinungen verringern.

Allgemeine Wohltaten

- Muskelentspannung
- Milderung chronischer Steifheit im Nacken-Schulter-Bereich
- Anregung und Verbesserung des Lymphflusses
- Verbesserung der Blutzirkulation
- Wiederherstellung der Beweglichkeit der Gelenke
- Linderung von Spannungskopfschmerzen, Augenermüdung, Ohrenschmerzen, Kieferschmerzen, Nebenhöhlenentzündung und verstopfter Nase, Schlaflosigkeit und Schlafstörungen

- Anregung des Haarwachstums
- Entspannung und Verbesserung des Nachtschlafs

Seelische Wohltaten

- Ruhe, Frieden und Gelassenheit
- Linderung von Angst und innerer Unruhe
- verbesserte Konzentration
- klareres und schärferes Denkvermögen
- Abflauen von seelischer Erschöpfung, Nervosität und Stress

Weitere Wohltaten

- energetische Balance im Körper
- Freisetzung gestauter Energie
- allgemeine Energieheilung

Wie führt man eine indische Massage durch?

Die indische Kopfmassage ist nicht schwierig, jeder kann sie erlernen. Am besten wechselst du dich mit deinem Partner oder deiner Partnerin oder mit einem Freund oder einer Freundin ab, damit ihr euch gegenseitig massiert und so jeder/jede in den Genuss einer Massage kommt. Denn obwohl man sich auch selbst massieren kann, ist die Wirkung größer, wenn jemand anders die Massage durchführt und man sich vollständig entspannen kann.

So funktioniert eine Champissage bei einer anderen Person:

1. Die Person, die du massieren wirst, setzt sich bequem hin, aufrecht und mit entspannten Schultern.
2. Lege deine Hände auf den Bereich zwischen Nacken und Schädelbasis. Lass sie eine Weile dort ruhen, während die zu massierende Person plaudert oder sich nach der Massagetechnik erkundigt.
3. Nun beginnst du mit der Massage, indem du leichten Druck auf die Schädelbasis ausübst. Drehe dann den Kopf der Person sanft in die eine und in die andere Richtung.
4. Wandere nun mit den ausgestreckten Fingern und Daumen beider Hände über die Kopfhaut. Die Massage beginnt an der Schädelbasis und setzt sich fort bis hinter die Ohren. Massiere die gesamte Kopfhaut in kreisenden Bewegungen.
5. Die meisten Menschen lokalisieren die Schläfe zwischen Augenwinkel und Ohr. Zur Schläfe gehört aber auch der Teil der Stirn oberhalb des Ohrs. Massiere diesen Bereich ebenfalls mit langsamen, eindringlichen, im Uhrzeigersinn kreisenden Bewegungen.
6. Spiele mit dem Haar der Person, die du massierst, und kämme es mit den Fingerkuppen. Streiche dann sanft mit den Handflächen über ihren Kopf, von der Schädelbasis bis zum Scheitelbereich.
7. Lege deinen Unterarm auf die rechte Nackenseite und übe leichten Druck nach unten aus. Wandere nach etwa

drei Sekunden mit dem Unterarm an der Halswirbelsäule entlang und wieder hoch bis zur rechten Schulter.

8. Mache das Gleiche auf der linken Seite. Dieser Teil der Massage hilft, Verspannungen der Halswirbelsäule zu beseitigen, was dazu beiträgt, aufgestauten Stress zu reduzieren.

TANTRA: DIE HEILIGE BEGEGNUNG

Die ersten bekannten tantrischen Texte stammen aus dem dritten und vierten Jahrhundert vor Christus und entstanden in Indien im Zusammenhang mit der hinduistischen und buddhistischen Tradition. Sie enthalten poetische Metaphern für göttliche Einheit und Liebe, bei denen die heilige Verbindung von männlichem und weiblichem Prinzip im Mittelpunkt steht.

Das Wort Tantra bedeutet im Sanskrit »Netz«, »Gewebe« oder auch »miteinander verwoben«. Allerdings wird Tantra oft fälschlicherweise mit zügellosen sexuellen Erlebnissen assoziiert, obwohl es sich dabei vielmehr um eine Kombination von Sexualität, Spiritualität und Achtsamkeit handelt.

Die tantrischen Tempel von Khajuraho

Bevor wir uns mit den tantrischen Praktiken befassen, wollen wir auf Reisen gehen. Im Bezirk Chhatarpur in Madya Pradesh in Zentralindien liegt Khajuraho, eine Gruppe von Monumenten, die 1986 von der UNESCO zum Weltkulturerbe erklärt wurden. Von den vor circa tausend Jahren errichteten Tempeln, von denen es bis zum zwölften Jahrhundert noch fast hundert gab, stehen heute nur noch zweiundzwanzig; die meisten von ihnen hinduistische Glaubensstätten. Von den noch vorhandenen Tempeln ist die Mehrzahl den Göttern Shiva und Vishnu geweiht.

Khajuraho gehört in Indien zu den Orten, an denen Tantra entstanden ist. Dies bezeugen die Darstellungen an den Wänden seiner Tempel, zu denen jährlich Tausende von Touristen strömen, um sich die eindeutigen Positionen der steinernen Figuren anzuschauen.

Neunzig Prozent der Skulpturen symbolisieren bestimmte Werte oder stellen Alltagsszenen aus der damaligen indischen Gesellschaft dar, und nur die übrigen zehn Prozent besitzen erotischen, sinnlichen Charakter. Letztere aber sind es, die das größte Interesse bei den Besuchern erwecken, obwohl man sich heute keineswegs darüber einig ist, worin ihre Aussage besteht. Für manche stellen sie Gottheiten dar, die sich im Geschlechtsakt vereinigen. Für andere sind sie eine Ode an das Tantra, und die Figuren repräsentieren keine bestimmten Götter, sondern sollen lediglich die Fantasie anregen. Viele Stellungen der Figuren scheinen auf das *Kamasutra* zurückzugehen, das berühmte Erotik-Lehrbuch, das zu den bedeutendsten Werken der indischen Geschichte gehört. Auf jeden Fall zeigen die kunstvoll geformten Skulpturen klar erkennbare sexuelle Handlungen zwischen Männern und Frauen oder zwischen Frauen sowie andere Varianten.

SEX OHNE TABUS

In der indischen Gesellschaft des zehnten Jahrhunderts, die noch nicht vom Christentum oder vom Islam beeinflusst war, wurden sexuelle Beziehungen als eine von vielen Ausdrucksformen des täglichen Lebens betrachtet, weshalb die Skulpturen, die uns heute schockierend erscheinen, für die damaligen Menschen vermutlich bloße Darstellungen natürlicher, mit Fruchtbarkeit verknüpfter Akte waren.

Das Körperliche mit dem Spirituellen verweben

Tantra erreichte seinen Höhepunkt im elften und zwölften Jahrhundert. In dieser Zeit wurde es in Indien sehr populär. Entgegen dem Vorurteil, dass Erlösung nur mittels Verzicht auf alles Weltliche und strenger Askese zu erlangen sei, waren die tantrischen Yogis davon überzeugt, dass menschliches Leid aus der falschen Vorstellung einer Trennung entsteht. Daher warben sie für das Zelebrieren des Sinnlichen und maßen dabei dem Körperlichen große

Bedeutung zu. Ihr Leitmotiv hätte durchaus *Mens sana in corpore sano* lauten können.

Ziel des Tantra ist es, eine sinnliche Erfahrung zu ermöglichen, bei der die Seele den Körper würdigt. Tantrischer Sex will Körperliches und Spirituelles »verweben« und dadurch das Gefühl der Innigkeit steigern. Deshalb und obwohl Tantra meistens von Paaren praktiziert wird, kann man die entsprechenden Übungen auch allein durchführen.

Tantra-Übungen verlaufen langsam, ohne Eile und in ausgedehnten Sitzungen. Geduld ist dabei von entscheidender Bedeutung. Es soll eine intensive, aber bewusste Verbindung mit dem Partner beziehungsweise der Partnerin erreicht werden. Dabei setzt man Atemtechniken, Klänge, Bewegungen und Meditation ein, um die sexuelle Energie zu aktivieren.

Entgegen der landläufigen Meinung muss beim tantrischen Sex nicht unbedingt Genitalkontakt oder Geschlechtsverkehr stattfinden. Falls man ihn aber anstrebt, versucht man, ihn hinauszuzögern, um so lange wie möglich Sinnlichkeit und Achtsamkeit zu genießen.

Wir stellen hier drei Basisübungen für Tantra mit einem Partner oder einer Partnerin vor:

1. *Blickkontakt*
   Eine gute Methode, um sich gemeinsam mit dem Partner oder der Partnerin in die Welt des Tantra zu begeben, besteht darin, *den Blickkontakt zu intensivieren*. Wenn man sich tief in die Augen schaut und dabei tief ein- und ausatmet, kommt man leichter miteinander in

Verbindung, und bei beiden wird die sexuelle Energie stimuliert.

a. Setzt euch an einem ruhigen, angenehmen Ort in einer für euch beide bequemen Position einander gegenüber. Ihr könnt euch zum Beispiel im Schneidersitz aufs Bett oder in zwei einander gegenüberstehende Sessel setzen. Die erste Übung könnt ihr bekleidet machen.
b. Schau deinem Partner oder deiner Partnerin in die Augen. Dein Gegenüber macht es ebenso. Vertiefe dich in seine Pupillen, als wären sie Tore in sein Inneres.
c. Atme gleichmäßig, langsam und tief durch die Nase ein und aus und versuche, deine Atmung mit der deines Partners oder deiner Partnerin zu synchronisieren. Die Verbindung zwischen euch soll so stark sein, dass ihr schließlich gemeinsam und im gleichen Rhythmus atmet.
d. Setzt das gemeinsame Atmen ein paar Minuten fort, ohne den Blick voneinander abzuwenden. Konzentriere dich dabei auf die Gefühle, die sich in dir regen, lenke deine Aufmerksamkeit besonders auf die Gegend um den Nabel und darunter. Dem Tantra zufolge entspringt dort die Kundalini-Energie, eine warme Energie, die vom Nabel aus dem Rumpf hochsteigt und den oberen Teil des Körpers mit Wärme, Sinnlichkeit und Energie durchflutet.
e. Sobald du dies spürst, kannst du anfangen, dich auszuziehen und/oder deinen/deine Partner/-in so zu berühren, wie du es magst, ohne dabei jedoch den

Blickkontakt und den synchronen Atemrhythmus aufzugeben. Spüre deinen/deine Partner/-in und entdecke ihn/sie neu und mit voller Achtsamkeit. Genieße das gemeinsame Erleben und alle neuen Empfindungen, die sich in diesem durch die Übung ermöglichten Zustand erweiterten Bewusstseins in dir regen.

2. *Bewusste Sinnlichkeit*
   Achtsamkeit, etwas, womit wir uns im nächsten Kapitel beschäftigen werden, ist bei den Tantra-Übungen unabdingbar. Diese Form der Aufmerksamkeit ist äußerst wichtig, wenn wir uns beim tantrischen Sex mit dem anderen vereinen.
   Zur bewussten Steigerung der Sinnlichkeit kann man einen Timer verwenden:
   - Stelle den Timer auf fünf Minuten ein und berühre nun deinen/deine Partner/-in, wobei du dich ganz auf ihn/sie konzentrierst. All deine Berührungen sollten mit dem Staunen des ersten Mals verbunden sein, mit dem Zauber einer ersten Begegnung. Sei dankbar für die Möglichkeit, deinem/deiner Partner/-in so nah sein zu können, und konzentriere dich bei deinen Berührungen auf jedes Detail.
   - Nach fünf Minuten tauscht ihr die Rollen. Jetzt kann der beziehungsweise die andere mit den Händen über dein Gesicht, deinen Oberkörper, über Arme und Beine wandern, während du deine Augen offen lässt und jede Berührung intensiv erlebst.

Der Sinn dieser Übung in bewusster Sinnlichkeit besteht darin, dass man beim Berühren und Berührtwerden vollkommen präsent ist. Ganz gegenwärtig zu sein verstärkt die eigenen Empfindungen und verleiht dem Körper des beziehungsweise der anderen besondere Bedeutung, da man ihm oder ihr vermittelt, dass es in diesem Moment nichts Wichtigeres gibt als dieses gemeinsame Erlebnis.

3. *Die Kunst der Langsamkeit*

   Tantra ist unter anderem ein Synonym für Geduld und Langsamkeit. Das Leben ist ein Weg und kein Ziel. Nichts eilt und nichts sollte erzwungen werden. Deshalb versucht ein Paar, das tantrischen Sex praktiziert, den Orgasmus so lang wie möglich hinauszuzögern und auf diese Weise die Sinnlichkeit in Ruhe und mit ganzer Präsenz zu erleben.

   Versuche beim Sex mit deinem/deiner Partner/-in darauf zu achten, dass sich alle Bewegungen langsam und ruhig vollziehen. Meide Hektik oder starke Adrenalinausschüttungen und genieße die Verbundenheit mit deinem/deiner Partner/-in, ohne an etwas anderes zu denken.

   Ihr beide solltet diejenigen sein, die die Zeit kontrollieren, nicht die Zeit euch. Einstein hat bewiesen, dass Zeit relativ ist, und vielleicht ist Tantra eine Gelegenheit, dies am eigenen Leib auszuprobieren.

MEDITATION: DER URSPRUNG DER ACHTSAMKEIT

Wer die Eigenheiten des Geistes kennt, weiß, dass das Glück nicht von äußeren Dingen oder Umständen abhängt, sondern davon, wie sauber unsere innere Linse ist.

Ein Geist voller Vorurteile und fester Meinungen, der mit Groll und Schmerz in die Vergangenheit und mit Angst und Beklemmung in die Zukunft schaut, erlaubt einem nicht, die Freude des Jetzt zu erleben.

Glücklicherweise besitzt der Mensch ein Mittel, um sich von allem geistigen Lärm zu befreien, ein Reinigungs- beziehungsweise Lösungsmittel, mit dem er die Unreinheiten der inneren Linse, durch die wir die Welt wahrnehmen, beseitigen kann. Dieses Mittel nennt man Meditation. In Indien ist sie seit Jahrtausenden Teil vieler spiritueller Bewegungen.

Vor einigen Jahrzehnten wurde Meditation in der westlichen Welt oft mit Zen assoziiert, dem japanischen Zweig des Buddhismus, der in vielen Orten auf der ganzen Welt Begegnungsstätten hatte. Es wurde Mode, sich vor eine Wand zu setzen, um geistige Ruhe zu finden, und es entstanden Bücher wie *Der leere Spiegel* des Holländers Janwillem van de Wetering oder Filme wie *Erleuchtung garantiert* der deutschen Filmemacherin Doris Dörrie.

Doch ab den späten Neunzigerjahren wich die Popularität des Zen dem Achtsamkeitstrend. Dabei ist im Grunde beides das Gleiche. Hier wie da geht es darum, sich konzentriert dem eigenen Geist zuzuwenden, um ihn vom Leiden zu befreien.

DIE KARMISCHE MISSION DES JON KABAT-ZINN

Für den Boom der Achtsamkeit ist Jon Kabat-Zinn, ein New Yorker Molekularbiologe, verantwortlich. Ihm ist zu verdanken, dass die Meditationstechniken auch in der säkularen Welt und sogar in der Wirtschaft Einzug gehalten haben.

Nachdem er sich in der Jugend gegen den Vietnamkrieg engagiert hatte, begann er nach seinem Lebensziel, seinem Ikigai, zu suchen, das er damals seine »karmische Mission« nannte. Im Zuge dessen erlernte er Zen-Meditation bei Philip Kapleau, einem buddhistischen Missionar, der am Massachusetts Institute of Technology (MIT), wo Jon studierte, einen Vortrag gehalten hatte. Anschließend vertiefte er seine Meditationsübungen unter Anleitung buddhistischer Lehrmeister wie des Vietnamesen Thich Nhat Hanh und des Koreaners Seung Sahn.

Da ihm besonders wichtig war, dass die Wohltaten der Meditation auch der Medizin zugutekamen, gründete er 1979 eine Klinik für Stressreduktion. Dort begann er, das, was er bei seinen spirituellen Übungen gelernt hatte, unabhängig von buddhistischen Lehren umzusetzen. Auf rein wissenschaftlicher Basis entwickelte er das inzwischen berühmte MBSR (*Mindfulness-Based Stress Reduction* oder Achtsamkeitsbasierte Stressreduktion). Größere Bekanntheit sollte sein Ansatz allerdings erst durch sein Buch *Full Catastrophe Living* – in der deutschen Übersetzung *Gesund durch Meditation* – erfahren, in dem er die Achtsamkeitsmethode genau beschreibt. Jon Kabat-Zinn hatte zu seiner karmischen Mission gefunden.

Da es in diesem Teil unseres Buches um die praktische Seite der Glückssuche geht, wollen wir uns nun drei Meditationsformen, zwei davon mit indischem Ursprung, genauer anschauen.

Kirtan, die gesungene Meditation

Kirtan oder das Singen von Mantras ist eine Meditation mithilfe von Stimme und Bewegung. Anders als bei den in Stille verlaufenden Achtsamkeitsübungen und ohne die Strenge des Zen findet hier ein Zusammenspiel von Instrumenten, Stimmen, Applaus und Tanz statt. Kirtan eignet sich sehr gut für eine Gruppenmeditation. Aber man kann es auch zu Hause praktizieren, indem man sich im Internet eine Kirtan-Session anhört oder anschaut.

In indischen Aschrams ist Mantra-Singen gang und gäbe. Der Zeremonienmeister, der die Meditation leitet, singt Mantras, in welche die Anwesenden einstimmen.

Beim Kirtan ist alles erlaubt: Man darf sich zum Rhythmus der Musik bewegen, die Augen schließen, weinen, alle Gliedmaßen schütteln, sich mit der Handfläche auf die Brust klopfen … Denn diese Art der Meditation ermuntert dazu, sich ungehemmt körperlich auszudrücken. Während man die Segnungen des gemeinsam gesungenen Mantras empfängt, wird im gesamten Organismus Energie freigesetzt.

Eines der Mantras, die häufig beim Kirtan gesungen werden, ist OM NAMAH SHIVAYA. Es gehört zu den bekanntesten hinduistischen Mantras und ist das wichtigste Mantra des Shivaismus. Wörtlich bedeutet es »Anbetung Shivas«.

Bei dieser Art der Meditation geht es nicht um Entspannung. Vielmehr soll sie die Stimmung und das Energielevel steigern. Den Tag mit einer über YouTube gestreamten Kirtan-Session zu beginnen, ist etwas Wunderbares. Sie eignet sich aber ebenso gut, um den Körper nach einem langen Arbeitstag zu lockern.

Meditation mithilfe von Visualisierungen

Im tibetischen Buddhismus werden oft Visualisierungsübungen praktiziert, bei denen die Meditierenden versuchen, positive Regungen wie Liebe und Mitgefühl hervorzurufen, indem sie sich ihre eigene Person, aber auch andere Menschen als wohlwollende Wesen vorstellen.

Beim Erlernen dieser Art meditativer Übung, bei der die weise und liebende Präsenz des Siddhartha Gautama eine zentrale Rolle spielt, kannst du in deiner unmittelbaren Umgebung eine Buddha-Figur aufstellen, die dich beim Meditieren unterstützt. Hier eine Schritt-für-Schritt-Anleitung:

1. Setze dich auf den Boden, in einer bequemen Position, im Schneidersitz oder, falls du es kannst, im Lotussitz. Solltest du Rückenprobleme haben, kannst du die Übung auch auf einem Stuhl machen.
2. Schließe die Augen und stell dir vor, dass Buddha vor dir schwebt und ein goldenes Licht aussendet. Dieses Licht ist warm und voller Liebe; es durchdringt dich und erfüllt dich mit Mitgefühl, Güte und Gesundheit. Spüre, wie die universelle Liebe durch deinen Oberkopf, dein drittes Auge und sämtliche Poren deines Körpers in dich eindringt.
3. Da dein Inneres von dieser göttlichen Energie durchflutet wird, haben die schlechten Energien, die sich in deinem Körper angesammelt haben, dort keinen Platz mehr. Visualisiere, wie sie deinen Körper als schwarzer oder grauer Qualm verlassen; wie sie durch die Füße aus dir heraus und in die Mutter Erde strömen, die sie aufnimmt, um sie zu verwandeln.
4. Meditiere so lange, bis du spürst, dass Buddhas mitfühlendes Licht dich ganz ausfüllt und die dunkle Energie, die sich in deinem Inneren befand, vertrieben hat. Diese

regenerierende Meditation stellt die natürliche Ganzheit und das Wohlbefinden wieder her.

EINE MINIMALVEREINBARUNG MIT UNS SELBST

Auf einer unserer gemeinsamen Reisen durch Asien haben wir es uns angewöhnt, jeden Abend vor dem Schlafengehen die Meditation mit dem Buddha des Mitgefühls zu machen. Sie eignet sich gut als Ausgangspunkt für die Art von Leben, die man führen will.

Im Schein einer Kerze, in dem Körper und Geist zur Ruhe kommen konnten, sangen wir mehrmals das Mantra OM MANI PADME HUM, das wir im ersten Teil dieses Buches vorgestellt haben. Wenn wir schließlich spürten, dass unser Geist ein stiller See geworden war, sprach einer von uns beiden laut den folgenden Wunsch aus: »Falls ich nicht fähig bin, andere glücklich zu machen, soll mein Verhalten wenigstens dem Glück der anderen nicht im Wege stehen.«

Dieses allabendlich formulierte Minimalziel diente uns als Orientierung in unserem unvollkommenen Leben.

Erforsche meditierend deinen Körper

Die dritte Meditationstechnik, die wir in diesem Kapitel behandeln wollen, bildet die Grundlage für die weiter oben angesprochenen Achtsamkeitsübungen. Der *Body Scan*, wie die Körpererforschung im Englischen heißt, ist eine hervorragende Möglichkeit, angesichts der weitgehenden Abkoppelung von uns selbst, unter der wir leiden und zu der auch Bildschirme und Informationsüberflutung beitragen, ins Hier und Jetzt zurückzukehren.

Diese Form der Meditation, bei der man den eigenen Körper erkundet, soll uns helfen, unsere Aufmerksamkeit ganz auf uns selbst zu richten, darauf, wie sich unser Körper anfühlt. Indem wir uns auf die wahrgenommenen körperlichen Empfindungen konzentrieren, können wir den Geist fokussieren und von seinem ziellosen Umherschweifen ablenken. Beginnen wir mit einer Übung:

1. Setze dich auf einen Stuhl, halte deinen Rücken gerade, entspanne deine Schultern und stelle die Füße flach auf den Boden. Deine Knie sollten im rechten Winkel gebeugt sein. Alternativ kannst du dich für diese Meditation auch auf den Rücken legen, in die Yogaposition Savasana. Dabei solltest du jedoch darauf achten, nicht schläfrig zu werden.
2. Atme langsam und tief ein und richte deine ganze Aufmerksamkeit auf die Zehen deines linken Fußes. Befinden sie sich in einer bequemen Position? Spüren sie Druck? Frieren sie? Fühlen sie sich warm an? Sind sie feucht? Trocken? Wandere nun im Geiste vom kleinen bis zum großen Zeh, gehe alle Zehen nacheinander durch, wandere dann zur Fußsohle, zur Ferse, zum Knöchel, zu Unterschenkel, Knie und Oberschenkel.
3. Wiederhole die Übung auf der rechten Körperseite.
4. Wenn du beim Becken angekommen bist, richte deine Aufmerksamkeit auf Pobacken und Hüften; wandere

dann weiter hoch bis zur Nabelgegend. Lockere auf deinem Weg durch den Körper die jeweiligen Muskeln, damit die Meditation nicht nur ein Achtsamkeitstraining ist, sondern auch körperliche und emotionale Entspannung bringt.

5. Konzentriere dich nun auf den Brustbereich und anschließend auf den Rücken. Wandere dann mit deiner Aufmerksamkeit von der linken Schulter den Arm hinunter bis zu den Fingern und verfahre genauso mit dem rechten Arm.
6. Konzentriere dich schließlich auf den Nacken, den Kopf und alle Gesichtsmuskeln.

ANMERKUNG: Dass man bei dieser Übung ab und zu durch Gedanken abgelenkt wird, ist ganz normal, und du solltest es dir nicht vorwerfen. Wenn du es bemerkst, lenke deine Aufmerksamkeit liebevoll zurück zur Meditation und fahre mit der Übung fort. Wenn man das Abdriften der Gedanken bewusst mitbekommt, ist das schon der erste Schritt zur Kontrolle des Geistes.

EPILOG: GROSSE SEELEN SIND WIE WOLKEN

Während wir die Arbeit an diesem Buch beenden, schallt aus unserer Musikanlage »Raga Shivanjali« von Hariprasad Chaurasia. Lange schon begeistert uns beide dieser große Meister der indischen Bambusflöte. Seine Musik versetzt uns in eine andere Dimension, in der Göttliches und Menschliches tanzend ineinander verschlungen sind wie die Figuren aus Khajuraho.

Raga bedeutet im Sanskrit »Farbe« oder »Färben«, aber auch »seelische Verfassung«. Ohne Zweifel ist das, was diese zarte Musik von Chaurasia in uns auslöst, heitere Gelassenheit.

Wir beide haben uns Indien immer als eine Art Oase vorgestellt. Anfangs waren es Rudyard Kiplings Erzählungen, die unsere Fantasie beflügelten, später dann die Geschichten von Einsiedlern und Gurus; bis wir schließlich selbst in das Land reisen konnten.

Hier und jetzt sind wir sehr glücklich, dieses Buch über das spirituelle Reservoir der Menschheit abgeschlossen zu haben. Solange die Essenz Indiens existiert, besteht jenseits allen weltlichen Treibens Hoffnung für den Menschen.

Etwa im fünften Jahrhundert nach Christus lebte in diesem von geistiger Klarheit geprägten Teil der Erde ein Dichter und Dramatiker namens Kalidasa. Sein Name bedeutet »Diener der Kali«, der Göttin der Zerstörung und des Todes.

Unser Buch soll mit einem Vers dieses faszinierenden Autors enden:

Große Seelen sind wie Wolken:
Sie sammeln, um auszugießen.

Dieser Satz resümiert auf wunderbare Weise die Spiritualität Indiens, ihres Geburtsortes, der die ganze Welt willkommen heißt. Heute, da das Land auch die Entwicklung der Zukunft mitprägt, hoffen wir, sein tausendjähriger Weg zum Glück möge dich an jedem Tag deines Lebens inspirieren.

DIE ZEHN INDISCHEN GEBOTE DES GLÜCKS

Bevor wir uns verabschieden, möchten wir dir als eine Art Mitbringsel von unserer gemeinsamen Reise zehn Gebote an die Hand geben. Sie sollen dir helfen, die zehn Aspekte der tausendjährigen Weisheit, die du beim Lesen dieses Buches kennengelernt hast, nicht zu vergessen.

1. ***Erkenne das Göttliche in dir und in anderen Menschen.*** Dies ist die Essenz von Namasté: Damit grüßt du deine eigene Strahlkraft und die der Welt. Du begreifst, dass jeder Mensch seinen eigenen Zauber besitzt und es keinen einzigen gewöhnlichen Tag gibt; es sei denn, du selbst beschließt es.
2. ***Lerne von den Wissenden.*** Dies kann ein Lehrmeister, ein Guru, ein Buch oder irgendetwas anderes sein, das dich inspiriert und dich über dich selbst hinausträgt. Der Mensch mag einen Anfang haben, aber er hat kein Ende. Dein Horizont endet dort, wohin dein Blick geht.

3. ***Trenne dich von allem, was du nicht brauchst.*** Folge dem Beispiel der Sadhus und wage es, mit leichtem Gepäck zu wandern, im Bewusstsein, dass es nichts Wichtiges gibt, was du verlieren könntest. Wohin auch immer du gehst, du bist bei dir. Was bräuchtest du mehr?
4. ***Gründe deinen eigenen Aschram.*** Für dein Lebensprojekt brauchst du einen vertrauten Kreis, der dich stärkt; besonders wenn Schwierigkeiten auftauchen und Hoffnungen schwinden. Wähle deine Reisebegleiter mit Bedacht.
5. ***Lebe achtsam.*** Ob mittels Meditation, Yoga oder Flow: Genieße das, was du tust, in vollen Zügen. Meide Ablenkungen. Wage es, ganz bei einer einzigen Sache zu sein, die das gesamte Universum umfasst.
6. ***Erkenne dich selbst.*** Das haben die alten Griechen der Achsenzeit und die indischen Lehrmeister in allen Zeiten gesagt. Von seinen Schülern erwartete Ramana Maharshi, dass sie sich immer wieder diese Frage stellten: »Wer bin ich?« Traust du dich, in dein Innerstes zu blicken?
7. ***Entkomme den Teufelskreisen.*** Das Dharma zu pflegen, wird dir helfen, Fehler, die dir im Weg stehen, nicht länger zu wiederholen. Sei großherzig gegenüber der Welt und dir selbst, und das positive Karma wird dein Leben erleuchten.
8. ***Atme!*** Wie viel Energie du hast, wie gelassen du bist und sogar wie viele Lebenstage dir gegeben sind, hängt von der Luft ab, die in deine Lunge hinein- und wieder aus ihr hinausströmt.

9. ***Nähre deinen Körper, deine Seele und deinen Geist.*** Alles ist miteinander verbunden. Du solltest also keinen der drei Bereiche vernachlässigen. Ernähre dich nach den Prinzipien des Ayurveda, praktiziere Tantra und Yoga, hilf deinem Geist, zur Ruhe zu kommen, und entwirf deinen Weg zum Himmel.
10. ***Lebe im Jetzt.*** Einige Autoren behaupten, wir Menschen würden achtzig Prozent unserer geistigen Zeit in der Vergangenheit und der Zukunft verbringen. Investiere deine Energie in die Gegenwart; denn sie ist die Wohnstatt des Glücks.

Lass uns im Sinne von Oscar Wilde aus unserem Leben einen Garten machen, in dem von jedem von uns das Beste gedeiht und wächst.

Wir wünschen dir von Herzen Glück. Danke, dass du hier bist.

Namasté!

Héctor García & Francesc Miralles

DANK

An Marta Sevilla und die Familie des Verlags Urano, in dem unser Buch erschienen ist, dafür, dass sie uns weiterhin auf dem Weg durch dieses schöne Abenteuer begleiten.

An Sandra Bruna, unsere Agentin, die es unseren Werken ermöglicht hat, in über sechzig Sprachen zu erscheinen.

An unsere Verleger auf der ganzen Welt, für die Begeisterung und Liebe, mit der ihr eure Arbeit macht.

An Yoshiaki, der uns auf die Idee brachte, das Dorf der Hundertjährigen zu besuchen, und damit den Anstoß gab für alles, was wir seither geschaffen haben.

An die Leser und Leserinnen in aller Welt, insbesondere in Indien. Ihr habt uns in den letzten Jahren so große Zuneigung entgegengebracht, dass dieses neue Ikigai von euch handelt.

An all jene, die ihre Leidenschaften leben und die innere und äußere Gesundheit – ihre eigene und die der anderen – pflegen.

Euch allen danke, dass es euch gibt!

BIBLIOGRAFIE

Karen Armstrong, *Die Achsenzeit – Vom Ursprung der Weltreligionen,* dt. v. Michael Bayer u. Karin Schuler, Siedler Verlag, München 2006

Mihály Csíkszentmihályi, *Flow, Das Geheimnis des Glücks,* dt. von Annette Charpentier, Klett-Cotta, Stuttgart 1992

Eknath Easwaran, *Dhammapada. Buddhas zentrale Lehren,* dt. v. Peter Kobbe, Goldmann, München 2006

Andreas Faber-Kaiser, *Jesus lebte und starb in Kaschmir,* Ed. Esteve, Lausanne 1986

Viktor Frankl, *Der Mensch auf der Suche nach Sinn,* Klett, Stuttgart 1972

Héctor García, *Xcentric culture – A Geek in Japan,* dt. v. Susanne Viegener, Egmont, Berlin 2009

Elizabeth Gilbert, *Eat, pray, love,* dt. v. Maria Mill, Berlin Verlag, Berlin 2013

Daniel Goleman, *Emotionale Intelligenz,* dt. v. Friedrich Griese, Hanser, München 1996

Karl Jaspers, *Vom Ursprung und Ziel der Geschichte,* München/Zürich 1949
Jon Kabat-Zinn, *Gesund durch Meditation,* dt. v. Marion B. Kroh, O. W. Barth, München 1994
Jack Kerouac, *On the Road, Die Urfassung,* dt. von Ulrich Blumenbach:, Rowohlt, Reinbek bei Hamburg 2010
Francesc Miralles, *Los lobos cambian el rio,* Obelisco 2021
Francesc Miralles und Héctor García, *Ikigai, Gesund und glücklich hundert werden,* dt. v. Maria Hoffmann-Dartevelle, Ullstein, Berlin 2016
Francesc Miralles und Héctor García, *Finde dein Ikigai,* dt. v. Maria Hoffmann-Dartevelle, Ullstein, Berlin 2016
Portia Nelson, *There's a Hole in My Sidewalk,* Popular Library, New York 1977
Tony Parsons, *Das ist es,* dt. von Christine Bolam, Kamphausen, Bielefeld 2004
Tony Parsons, *Das offene Geheimnis,* dt. von Hans-Georg Türsting, Kamphausen, Bielefeld 2013
Don Miguel Ruiz, *Die vier Versprechen,* dt. v. Angelika Hansen, Heyne, München 2003
Guady Ruiz-Giménez, *El arte de envejecer bellamente,* Guadalupe Ruiz-Gimenez, 2021
Bertrand Russell, *Eroberung des Glücks,* dt. v. Magda Kahn, Suhrkamp, Frankfurt a. M. 1977
Elaine Saint James, *In Einfachheit leben,* Goldmann, München 1998
Mark Singleton, *Yoga Body,* Oxford University Press, Oxford 2010
Richard Sylvester, *Erleuchtet – und was jetzt,* dt. v. Jochen Lehner, Lotos, München 2007

Thich Nhat Hanh, *Aus Angst wird Mut, Grundlagen buddhistischer Psychologie,* dt. v. Thomas Geist, Theseus, Berlin 2003

Eckhart Tolle, *Jetzt! Die Kraft der Gegenwart,* dt. v. Christine Bolan u. Marianne Nentwig, Kamphausen, Bielefeld 2000

Alan Watts, *Buddhismus verstehen, Religion der Nicht-Religion,* dt. v. Renate FritzRoy, Herder, Freiburg i. Br. 1995

Janwillem van de Wetering, *Der leere Spiegel,* dt. v. Herbert Graf, Kiepenheuer & Witsch, Köln 1977

DIE AUTOREN

Francesc Miralles (geb. 1968 in Barcelona) ist Journalist, Autor, Übersetzer und Musiker. Zahlreiche seiner Romane und Sachbücher sind internationale Bestseller.

Héctor García (Kirai) wurde 1981 in Spanien geboren. Nachdem er als Informatiker in der Schweiz gelebt hat, zog er 2004 nach Tokyo, wo er die Lebendigkeit dieser Stadt und die Weisheit der japanischen Lebensart genießt. Er ist Autor und Philosoph.